# Das Versicherungs-Set

Bedarfsanalyse

Vertrags-Check

Testsieger für jede Situation

Verträge wechseln und sparen

Isabell Pohlmann

# Inhalt

**5 Kurzratgeber**
- 6 Antworten auf zehn häufige Fragen
- 10 Passend versichert in drei Schritten
- 12 Ein Leben lang

**15 Bedarf ermitteln, vorhandenen Schutz prüfen**
- 16 Die persönliche Bestandsaufnahme
- 19 Der Versicherungsbedarf verändert sich

**27 Passende Angebote finden, laufende Verträge verbessern**
- 28 Haftpflichtschutz: Wenn Sie andere schädigen
- 31 Krankheit und Pflege: Schutz ist Pflicht
- 42 Verlust der Arbeitskraft absichern
- 48 Schutz gegen die Folgen eines Unfalls
- 52 Die Familie absichern
- 56 Das Zuhause schützen
- 61 Schutz bei Rechtsstreitigkeiten
- 64 Sicher unterwegs im Straßenverkehr
- 67 Mit dem richtigen Schutz verreisen
- 70 Fürs Alter vorsorgen

> Sie können die Formulare auch kostenlos online ausfüllen. Den Link und einen QR-Code finden Sie auf Seite 97.

**75 Verträge schließen, Sparchancen nutzen**
- 76 Vertreter, Makler oder online: Wohin zum Vertragsabschluss?
- 80 Einen neuen Vertrag schließen
- 82 Laufende Verträge verbessern
- 84 Richtig kündigen
- 87 Was tun im Schadensfall?

**90 Service**
- 91 Fachbegriffe erklärt
- 93 Register
- 95 Impressum

**96 Formulare zum Heraustrennen**
- A Versicherungen im Überblick
- B Ihr Versicherungs-Check
- C Checklisten: Der Versicherungsbedarf je nach Lebenssituation
- D Checkliste: Privathaftpflichtversicherung
- E Checkliste: Was bietet Ihre Krankenkasse?
- F Checkliste: Private Krankenversicherung für Angestellte und Selbstständige
- G Checkliste: Berufsunfähigkeitsversicherung
- H Checkliste: Unfallversicherung
- I Checkliste: Hausratversicherung
- J Checkliste: Wohngebäudeversicherung
- K Widerruf des Vertrags
- L1 Kündigung des Vertrags
- L2 Kündigung (Schadensfall)
- L3 Kündigung (Beitragserhöhung)

**Zusätzlich online**
- F2 Checkliste: Private Krankenversicherung für Beamte
- I2 Bewertungsliste Hausrat

# Kurzratgeber

„Eigentlich müsste ich …" oder „Ja, wir sollten mal …" – geht es um das Thema Versicherungen, beginnen viele Sätze so oder ähnlich. Kein Wunder: Es gibt Spannenderes, als sich durch Vertragsbedingungen zu kämpfen oder bessere Tarife zu suchen.

Mit diesem Set ist alles in drei Schritten erledigt: Sie können Lücken im Schutz schließen und eine Menge Geld sparen. Und am Ende winkt das gute Gefühl, dass Sie alles geregelt und im Griff haben. Auf den folgenden Seiten bekommen Sie einen ersten Einblick ins Thema Versicherungen.

# Antworten auf zehn häufige Fragen

Rund um das Thema Versicherungen tauchen immer wieder ähnliche Unsicherheiten und Fragestellungen auf. Hier finden Sie Antworten auf zehn klassische Fragen und bekommen eine erste Orientierungshilfe.

## Frage 1
### Was bringt es mir, wenn ich mich um meinen Versicherungsschutz kümmere?

Viel. Denn ganz ohne den Schutz privater Versicherungen geht es nicht. So sollte es beispielsweise in jedem Haushalt eine Privathaftpflichtversicherung geben. Als Fahrzeughalter benötigen Sie eine Kfz-Haftpflichtversicherung. Wenn Sie eine eigene Immobilie besitzen, kommen Sie ohne den Schutz einer Wohngebäudeversicherung nicht aus.

Je nach Lebenssituation lässt sich die Liste der sinnvollen, notwendigen oder sogar gesetzlich vorgeschriebenen Versicherungen erweitern. Eine Übersicht zu den einzelnen Versicherungen und ihrer Bedeutung bietet das Formular B „Versicherungs-Check".

Dass Sie Versicherungsschutz für die verschiedenen Lebensbereiche haben, ist aber nur der Anfang, im nächsten Schritt geht es darum, wie der Schutz im Einzelnen aussieht – welche Leistungen er beinhaltet. Es lohnt sich, wenn Sie sich hier einen Überblick verschaffen und wenn nötig nachbessern, damit Sie im Schadensfall nicht leer ausgehen, obwohl Sie dachten, vernünftig abgesichert zu sein.

## Frage 2
### Ich bin seit vielen Jahren gut abgesichert. Warum soll ich mich weiter damit beschäftigen?

Dafür spricht, dass Ihr Schutz mit der Zeit vermutlich Lücken bekommen hat. Das hat mehrere Gründe: Zum einen ändert sich der Versicherungsbedarf im Lauf des Lebens. Ob direkt nach der Ausbildung, beim ersten Kind oder kurz vor dem Eintritt in den Ruhestand – es gibt verschiedene Lebenssituationen, in denen Sie neue Verträge benötigen. Von anderen können Sie sich auch trennen. Die Checklisten „Versicherungsbedarf" (Formular C) geben Ihnen einen Überblick.

Doch auch abseits der großen Einschnitte wie Familiengründung oder Rentenbeginn lohnt sich ein Blick in die Unterlagen, denn die Vertragsbedingungen für viele Produkte sind mittlerweile besser geworden. So sind etwa in alten Privathaftpflichtverträgen oft nur Schäden bis 2 oder 3 Millionen Euro geschützt. Wir empfehlen eine Versicherungssumme von 10 Millionen Euro. Dazu fehlt häufig der Schutz vor Schäden durch Computerviren. Oder aber Sie haben vielleicht vor vielen Jahren Ihre Hausratversicherung abgeschlossen und seither einiges eingekauft – Tablet, Beamer, Fahrrad … Reicht dann die Versicherungssumme noch aus? Wie steht es mit dem Schutz vor Überspannungsschäden? Es empfiehlt sich daher, bestehende Verträge in regelmäßigen Abständen anzusehen und wenn nötig anzupassen.

## Frage 3
### Mir werden gerade jetzt, kurz nach dem Studium, viele Verträge angeboten. Was brauche ich wirklich?

Spätestens mit dem Einstieg in den Berufsalltag müssen Sie sich um eine Krankenversicherung kümmern. Denn die studentische Krankenversicherung oder die Familienversicherung über die Eltern kommt nun nicht mehr infrage. Je nach Einkommen ist meist der Schutz in einer gesetzlichen Kasse Pflicht, eventuell ist eine private Krankenversicherung möglich. Die Übersicht auf S. 33 zeigt im Vergleich, was die gesetzlichen Kassen und die privaten Versicherer bieten.

Sobald Sie Ihre Ausbildung abgeschlossen haben, sollten Sie sich zudem um eine Privathaftpflichtversicherung kümmern – vorher war die Absicherung über die Eltern möglich. Diese Versicherung schützt Sie vor Schadenersatzforderungen, falls Sie jemand anderem einen Schaden zugefügt haben.

Für alle, die von ihrem Erwerbseinkommen leben, ist außerdem eine Berufsunfähigkeitsversicherung sehr zu empfehlen.

Je nach persönlicher Situation können weitere Verträge wichtig sein, etwa eine Tierhalterhaftpflichtversicherung, wenn Sie einen Hund haben, oder eine Auslandsreise-Krankenversicherung für den Urlaub. Schauen Sie in die Checklisten im Formular C, um zu sehen, was noch wichtig für Sie ist.

## Frage 4
### Ich ziehe um. Was bedeutet das in Sachen Versicherungen?

Zunächst einmal ein wenig organisatorischen Aufwand, denn Sie müssen Ihre Versicherer über die neue Adresse informieren. Aber auch inhaltlich kann sich mit dem Umzug etwas ändern, zum Beispiel der Beitrag für Ihre Hausratversicherung. Er kann steigen, wenn Sie in eine Gegend ziehen, in der das Einbruchrisiko höher ist. Beziehen Sie eine eigene Immobilie, benötigen Sie eine Wohngebäudeversicherung. Mehr zum Thema „Das Zuhause schützen" lesen Sie ab S. 56.

Eventuell werden auch weitere Verträge nötig, etwa Extra-Haftpflichtschutz für Ihren Tank, wenn Sie im Eigenheim eine Ölheizung haben. Wenn Sie mit Ihrem Partner zusammenziehen, können Sie bei manchen Verträgen aber Geld sparen, indem Sie sich gemeinsam versichern.

## Frage 5
### Wir werden Eltern. Benötigen wir jetzt neue Versicherungen?

Ja, mit Nachwuchs ändert sich etwas an Ihrem Versicherungsbedarf. Spätestens nach der Geburt eines Kindes ist zum Beispiel der Abschluss einer Risikolebensversicherung unbedingt zu empfehlen. Alle, die für andere sorgen, sollten diesen Vertrag zur finanziellen Absicherung für den Todesfall abschließen. Denn der Versicherer zahlt den Hinterbliebenen eine vertraglich festgelegte Summe aus, falls die versicherte Person stirbt (siehe „Risikolebensversicherung", S. 53).

Schauen Sie aber auch auf die anderen Verträge. Wie hoch ist beispielsweise die Rente, die Sie aus der Berufsunfähigkeitsversicherung erhalten, wenn Sie so schwer erkranken, dass Sie auf Dauer nicht mehr arbeiten können? Passt diese Rente noch zur neuen Situation, wenn Sie nun für ein Kind verantwortlich sind? Wenn nicht, prüfen Sie, ob und wie es möglich ist, die vertraglich vereinbarte Rente zu erhöhen (siehe „Berufsunfähigkeitsversicherung", S. 44).

## Frage 6
### Eignen sich Versicherungen für die Altersvorsorge?

Wenn Sie sich bereits für eine Versicherung für die finanzielle Absicherung im Alter – zum Beispiel in Form einer klassischen privaten Rentenversicherung oder kapitalbildenden Lebensversicherung – entschieden haben, empfiehlt es sich im Normalfall, diesen Vertrag durchzuhalten. Der neue Abschluss von Versicherungen zur finanziellen Absicherung im Alter ist dagegen kaum zu empfehlen. Eine private Rentenversicherung eignet sich nur eventuell, wenn Sie auf eine sichere Zusatzeinnahme im Alter setzen wollen oder müssen. Doch es gibt Nachteile, etwa, dass die garantierte Verzinsung in den vergangenen Jahren deutlich gesunken ist, sodass die Verträge an Attraktivität verloren haben. Mehr dazu und mögliche Alternativen finden Sie unter „Fürs Alter vorsorgen" ab S. 70.

## Frage 7
### Wir geben über 2 000 Euro im Jahr für Versicherungen aus. Wie können wir die Ausgaben drücken?

Zunächst ist es natürlich sinnvoll, die Preise zu vergleichen. Vielleicht sind manche Ihrer Verträge unnötig teuer? Um Ihnen einen Anhaltspunkt zu geben, finden Sie bei den einzelnen Versicherungsarten Hinweise, wie viel ein guter Vertrag kostet.

Außerdem lohnt es sich, wenn Sie schauen, ob Sie manchen Schutz eventuell doppelt haben: Haben Sie zum Beispiel Anspruch auf Pannenhilfe über Ihre Mitgliedschaft im Automobilclub und zusätzlich über den Schutzbrief Ihres Autoversicherers?

Häufig können auch schon kleine Veränderungen etwas bringen: wenn Sie beispielsweise von monatlicher auf jährliche Beitragszahlung umsteigen.

## Frage 8
### Jedes Mal, wenn ich ein technisches Gerät kaufe, heißt es, ich soll eine Versicherung mit abschließen. Ist das nötig?

Solche Versicherungen etwa für Ihr neues Handy oder Tablet erscheinen erst einmal sinnvoll. Immerhin haben Sie gerade einige Hundert Euro ausgegeben und wollen natürlich verhindern, dass dieses Geld im Schadensfall verloren ist. Bevor Sie sich aber für eine Versicherung entscheiden, schauen Sie sich am besten genau an, in welchen Situationen der Versicherer zahlt und wie viel er zahlt. Häufig stimmt das Verhältnis zwischen Preis und Leistung hier nicht, sodass es sich eher empfiehlt, kein Geld für Versicherungsbeiträge auszugeben, sondern lieber auf eigene Faust eine gewisse Summe für Notfälle anzusparen. Wenn nichts kaputtgeht oder abhandenkommt, müssen Sie dieses Finanzpolster nicht antasten (siehe „Längst nicht alles notwendig", S. 17).

## Frage 9
### Ist es zu empfehlen, Versicherungen online abzuschließen?

Es kommt darauf an. Natürlich ist es bequem, Versicherungen online abzuschließen, entweder direkt auf der Homepage des Versicherers oder über Portale, bei denen Sie erst den Preis vergleichen und dann im nächsten Schritt zum Vertragsabschluss kommen können. Zudem ist beim Online-Abschluss häufig eine Ersparnis drin, denn es entfallen Personal- und Beratungskosten.

Andererseits sollten Sie nicht vorschnell handeln. Überlegen Sie sich gut, ob und für welche Versicherungen Sie diesen Weg gehen wollen. Bei einer Kfz- oder Privathaftpflichtversicherung kommt der Online-Abschluss durchaus infrage, sofern Sie sich die Vertragsbedingungen vorher genau angesehen haben. Bei komplexeren Verträgen wie Berufsunfähigkeits- oder privater Krankenversicherung empfiehlt es sich aber im Normalfall, einen persönlichen Ansprechpartner aufzusuchen, der bei Fragen und Problemen weiterhelfen kann.

## Frage 10
### Der Versicherungsvertreter sagt, kurz vor Rentenbeginn will er mal vorbeischauen. Soll ich das Angebot annehmen?

Sie können es annehmen, sollten sich aber nicht unter Druck setzen lassen. Der Rentenbeginn ist eine gute Gelegenheit, sich mal wieder mit Versicherungen auseinanderzusetzen. Das heißt aber nicht, dass Sie gleich Ihren ganzen Versicherungsordner auf den Kopf stellen müssen. Gerade viele Sachversicherungen können nach Rentenbeginn weiterlaufen wie bisher. Trotzdem lohnt es sich zu prüfen, ob es bessere, leistungsstärkere oder günstigere Tarife für Sie gibt. Zudem kann mancher neue Schutz mit zunehmendem Alter interessant werden, etwa eine Unfallversicherung für Senioren.

# Passend versichert in drei Schritten

Ganz ohne Versicherungen geht es im Alltag nicht. Grund genug für Sie, den Ordner mit den Vertragsunterlagen aus dem Schrank zu holen und Ihren Schutz mithilfe der folgenden Übersichten, Tipps und Checklisten zu verbessern.

Zugegeben: Es macht etwas Mühe, sich um Versicherungen zu kümmern – Vertragsbedingungen lesen, Formulare ausfüllen, Gespräche mit dem Versicherungsvertreter führen oder sich durch Online-Portale bis zum Vertragsabschluss klicken. Doch der Aufwand kann eine Menge wert sein. Entweder sofort, weil es Ihnen gelingt, überflüssige oder teure Verträge zu entlarven und loszuwerden, oder spätestens im Schadensfall, wenn sich zeigt, dass Sie leistungsstarke Verträge abgeschlossen haben und Ihr Geld bekommen.

Mit diesem Versicherungs-Set haben Sie ein Werkzeug in der Hand, um Ihren Versicherungsschutz in drei Schritten zu optimieren. Nutzen Sie die Informationen, Checklisten und Formulare auf den folgenden Seiten, um Ihre Versicherungsunterlagen zu ordnen, vorhandene Verträge zu optimieren, leistungsstarke neue Angebote zu finden und überflüssigen Ballast loszuwerden.

### Schritt 1: Bedarf ermitteln, vorhandenen Schutz prüfen

Wissen Sie, welche Verträge in Ihrem Versicherungsordner schlummern und für welche Situationen sie Ihnen tatsächlich Schutz bieten? Wenn nicht, wird es Zeit für eine Bestandsaufnahme – egal, ob Sie Ihre Unterlagen in Papierform aufbewahren oder Ihre Versicherungen digital verwalten.

Auch wenn Sie bereits den Überblick über Ihre Policen haben: Klären Sie zum Beispiel mithilfe der großen Übersichtstabelle und der Checklisten im Formularteil (Formulare B und C), ob die bisherigen Verträge zum Bedarf in Ihrer aktuellen Lebenssituation passen. Einen ersten groben Überblick zu den Veränderungen im Laufe des Lebens zeigt die Grafik auf Seite 12.

Fehlt wichtiger Schutz, oder ist vielleicht sogar das Gegenteil der Fall und Sie können überflüssige Verträge abstoßen? Wir nennen im weiteren Verlauf wichtige Stationen im privaten und beruflichen Alltag, zu denen es sich besonders lohnt, den bisherigen Schutz auf den Prüfstand zu stellen.

### Schritt 2: Passende Angebote finden, laufende Verträge verbessern

Sie haben Schritt 1 hinter sich und wissen, dass Ihnen wichtige Versicherungen fehlen? Ab Seite 27 finden Sie zu allen relevanten Versicherungsarten zahlreiche Informationen, um zu einem passenden neuen Vertrag zu kommen: Was sollte etwa eine Privathaftpflichtversicherung bieten, und welche Vertragsbedingungen bergen beim Abschluss einer Berufsunfähigkeitsversicherung Tücken? Im Formularteil finden Sie ab Formular D Checklisten zu wichtigen Versicherungen, mit deren Hilfe Sie selbst überprüfen können, ob ein vorliegendes Angebot entscheidende Bedingungen erfüllt.

Haben Sie bei Schritt 1 festgestellt, dass Ihre bisherigen Verträge zum Bedarf in Ihrer aktuellen Situation passen, Sie also genügend Versicherungen abgeschlossen haben?

Dann sind Sie vermutlich jetzt beruhigt und überlegen eventuell, Schritt 2 zu überspringen. Doch besser ist es, Sie machen sich die Mühe und schauen sich Ihre bisherigen Verträge genauer an. Denn leider gilt: Auch wenn Sie alle empfohlenen Verträge haben, heißt das nicht automatisch, dass Sie gut abgesichert sind. Prüfen Sie, welche Leistungen Ihre Verträge bieten und ob sie noch zu Ihrer aktuellen Situation passen. Und wie steht es mit den ursprünglich vereinbarten Versicherungssummen – sind sie noch hoch genug?

Ein weiteres Argument, Schritt 2 trotz vorhandener Verträge in Angriff zu nehmen: die Veränderungen am Versicherungsmarkt. Die Untersuchungsergebnisse der Stiftung Warentest haben zum Beispiel mehrfach gezeigt, dass die Vertragsbedingungen der Versicherer im Laufe der vergangenen Jahre besser geworden sind. Wer also beispielsweise eine neue Auslandsreise-Krankenversicherung abschließt, findet je nach Anbieter zum Teil deutlich kundenfreundlichere Bedingungen vor als bei einem Vertragsabschluss vor mehreren Jahren.

Je nach Versicherungsart stehen zudem die Chancen gut, eine günstigere Absicherung zu bekommen.

## Schritt 3: Verträge schließen, Sparchancen nutzen

Sie haben einen Überblick, welche Versicherungen Sie neu abschließen wollen und was die Verträge jeweils beinhalten sollen? Vielleicht haben Sie auch schon Ihren Wunschtarif gefunden, etwa anhand der Testsieger, die Finanztest für die einzelnen Produkte ermittelt hat und die wir unter „Unser Rat" ab Seite 30 jeweils nennen.

Dann bleibt als letzter Schritt der Vertragsabschluss. Ab Seite 75 stellen wir Ihnen vor, was dabei zu beachten ist – von der Suche nach einem kompetenten Ansprechpartner bis hin zu den Rechten und Pflichten, die mit dem Abschluss eines Vertrags einhergehen.

Sind Sie nach Schritt 2 zu dem Schluss gekommen, dass Sie einen bestehenden Vertrag gegen einen neuen austauschen wollen, zum Beispiel, weil der bisherige Schutz zu teuer oder nicht mehr ausreichend ist? Dann werfen Sie einen Blick auf die Laufzeiten Ihres aktuellen Vertrags: Zu wann können Sie kündigen? Eine Übersicht zu Fristen und Bedingungen finden Sie ab Seite 84 unter „Richtig kündigen".

Im besten Fall haben Sie nach Abschluss des neuen Vertrags erst einmal nichts mehr mit dem Versicherer zu tun – erst wieder, wenn der Versicherungsfall eintritt und Sie auf seine Leistungen angewiesen sind (siehe „Was tun im Schadensfall?", S. 87). Zahlt der Versicherer dann wie erhofft, hat sich die Mühe gelohnt, den Versicherungsordner auf Vordermann zu bringen.

Doch leider läuft es nicht immer so glatt: Vielleicht ärgern Sie sich im Laufe der Zeit über Beitragssteigerungen, oder Sie hätten sich im Schadensfall mehr Unterstützung gewünscht? Ab Seite 88 stellen wir Ihnen vor, wie Sie sich gegen eine Entscheidung des Versicherers wehren und wo Sie Unterstützung bekommen können.

Dazu bleibt Ihnen, wenn Sie unzufrieden sind, noch die Möglichkeit, den Vertrag zu kündigen und wiederum nach einem passenden neuen Tarif zu suchen.

# Ein Leben lang

**Versicherungs-Check.** Von der Ausbildung bis zur Rente ändert sich Ihr Versicherungsbedarf. Einige wichtige Stationen im Überblick.

Eigenes Auto

Eigene Wohnung

Berufsleben

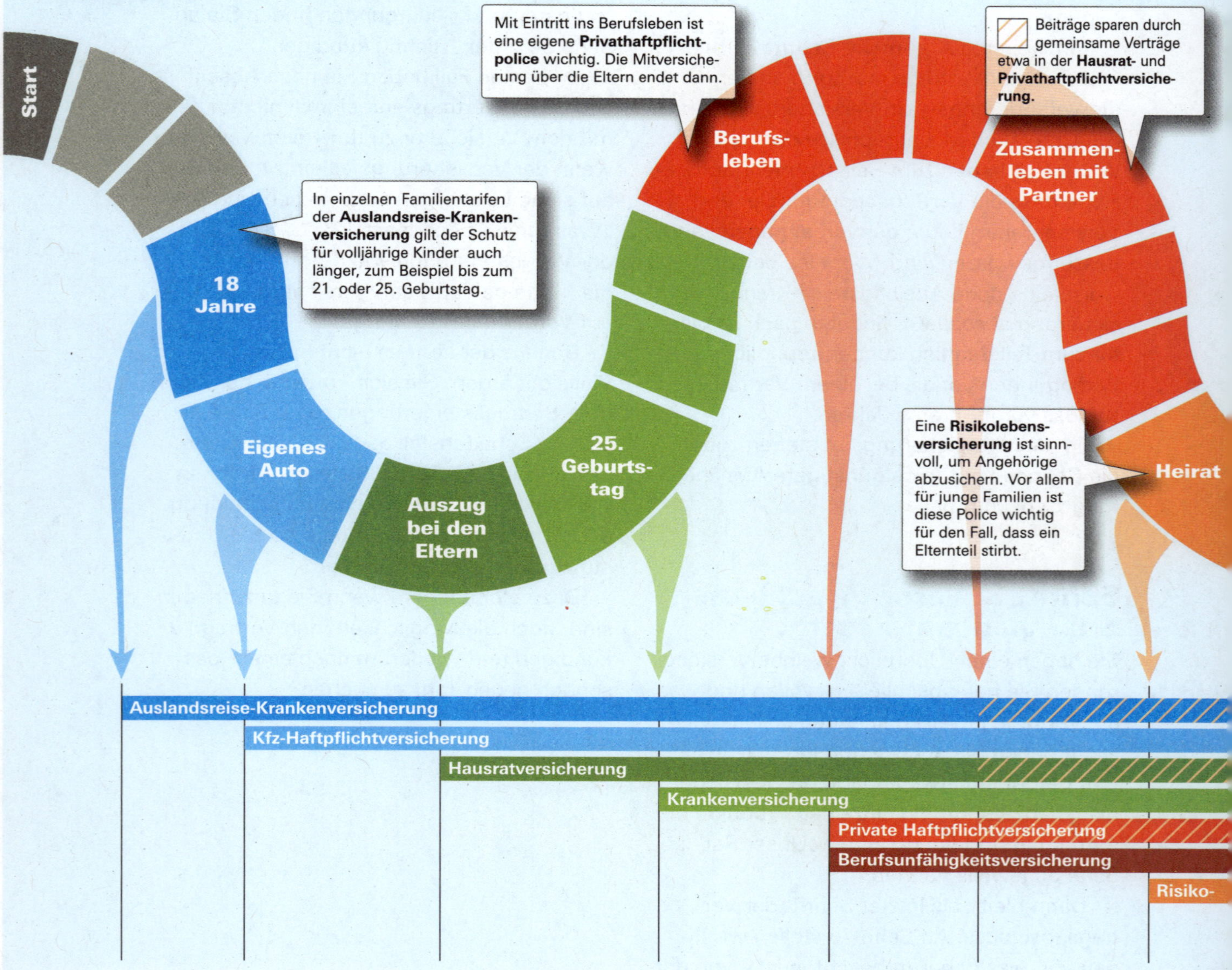

**Start** → **18 Jahre** → **Eigenes Auto** → **Auszug bei den Eltern** → **25. Geburtstag** → **Berufsleben** → **Zusammenleben mit Partner** → **Heirat**

> In einzelnen Familientarifen der **Auslandsreise-Krankenversicherung** gilt der Schutz für volljährige Kinder auch länger, zum Beispiel bis zum 21. oder 25. Geburtstag.

> Mit Eintritt ins Berufsleben ist eine eigene **Privathaftpflichtpolice** wichtig. Die Mitversicherung über die Eltern endet dann.

> Beiträge sparen durch gemeinsame Verträge etwa in der **Hausrat-** und **Privathaftpflichtversicherung**.

> Eine **Risikolebensversicherung** ist sinnvoll, um Angehörige abzusichern. Vor allem für junge Familien ist diese Police wichtig für den Fall, dass ein Elternteil stirbt.

- Auslandsreise-Krankenversicherung
- Kfz-Haftpflichtversicherung
- Hausratversicherung
- Krankenversicherung
- Private Haftpflichtversicherung
- Berufsunfähigkeitsversicherung
- Risiko-

EIN LEBEN LANG 13

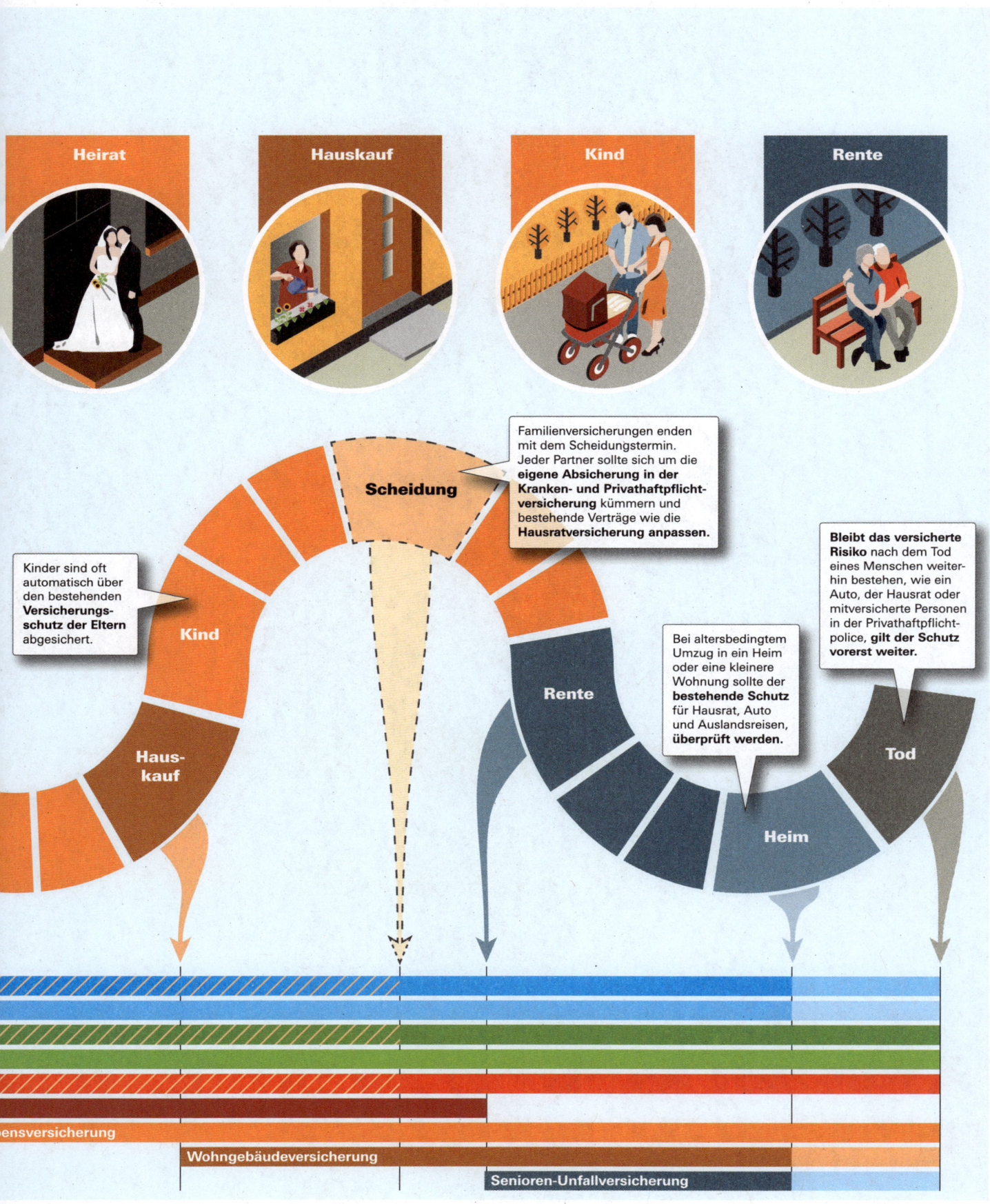

# Schritt 1:
# Bedarf ermitteln, vorhandenen Schutz prüfen

Sie starten ins Berufsleben, ziehen mit Ihrem Partner zusammen, gründen eine Familie, gehen in Rente: Ganz gleich, welcher entscheidende Schritt in Ihrem Leben ansteht – es ist sinnvoll, den Versicherungsschutz an die neue Situation anzupassen.

Häufig reichen kleine Veränderungen, manchmal ist mehr zu tun. Und auch, wenn sich gerade nichts Großartiges in Ihrem Leben ändert, empfiehlt sich ein regelmäßiger Blick in Ihre Versicherungsunterlagen.

# Die persönliche Bestandsaufnahme

Rund 2 400 Euro geben die Deutschen im Schnitt jedes Jahr für Versicherungen aus. Wissen Sie, für welche Verträge Sie regelmäßig zahlen und was Ihnen dafür im Ernstfall zusteht?

Der erste entscheidende Schritt auf dem Weg zum passenden Versicherungsschutz ist die Bestandsaufnahme: Verschaffen Sie sich einen Überblick, welche Versicherungen Sie haben. Notieren Sie die Daten und auch, was Sie zahlen und wann eine Kündigung möglich ist. Dazu finden Sie im Formularteil eine Vorlage, die Sie ausfüllen und zu Ihren Versicherungsunterlagen heften können (Formular A).

Durch den Check Ihrer Unterlagen bekommen Sie nicht nur einen Überblick, wie viel Geld Sie jährlich für Ihren Schutz ausgeben, sondern können hinterher leichter abgleichen, welche Verträge Ihnen eventuell fehlen, wann ein Wechsel möglich ist und ob neue Angebote tatsächlich günstiger sind.

## Den Schutz aufpolieren

Sie wissen nach dem Blick in den Ordner zwar, welche Verträge Sie haben, sind aber unsicher, ob dieser Schutz ausreicht?

Damit Sie das vielfältige Angebot an verschiedenen Versicherungen besser einordnen können, hat die Stiftung Warentest die wichtigsten Versicherungen klassifiziert:

→ **Unbedingt notwendig.** Ohne einen solchen Schutz wären Sie oder Ihre Familie im Schadensfall möglicherweise ruiniert. Zu den Verträgen, die unbedingt notwendig sind, gehören beispielsweise die gesetzlich vorgeschriebene Krankenversicherung in einer gesetzlichen Krankenkasse oder bei einem privaten Versicherer sowie die private Haftpflichtversicherung.

→ **Sehr zu empfehlen.** Ohne diesen Versicherungsschutz wäre im Ernstfall Ihre finanzielle Existenz bedroht. Zu diesen Verträgen zählen wir unter anderem die Wohngebäudeversicherung für Immobilienbesitzer und die Risikolebensversicherung für alle, die für andere sorgen. Auch die Berufsunfähigkeitsversicherung ordnen wir so ein: Sie ist allen, die von ihrem Erwerbseinkommen leben, sehr zu empfehlen.

→ **Sinnvoll.** Fehlt dieser Schutz, können Kosten entstehen, die Sie zwar empfindlich treffen, aber im Regelfall – anders als etwa ein abgebranntes Zuhause – nicht sofort die finanzielle Existenz bedrohen. Beispiele dafür sind die Hausratversicherung je nach Wert der Einrichtung sowie die private Unfallversicherung.

→ **Mit Einschränkungen sinnvoll.** So bewerten wir beispielsweise die Rechtsschutzversicherung. Sie kann zwar eine wertvolle Hilfe sein, doch unter Umständen gibt es günstigere Alternativen – etwa die Mitgliedschaft im Mieterverein, um sich Rechtsberatung für Streitigkeiten mit dem Vermieter zu sichern.

## Große Übersicht: Wie wichtig ist welcher Vertrag?

Im Formularteil finden Sie eine Übersichtstabelle, aus der hervorgeht, wer welche Versicherungen benötigt und für wie wichtig die Stiftung Warentest sie erachtet (Formular B). Gleichen Sie mithilfe Ihrer eigenen Verträge ab, welchen Schutz Sie bereits haben und welcher fehlt.

### DIN-Norm zur Finanzanalyse von Privathaushalten

Weitere Orientierung, um einschätzen zu können, wie wichtig welche Versicherung ist, bietet die 2019 in Kraft getretene DIN-Norm zur Finanzanalyse von Privathaushalten. Hier werden die einzelnen Risiken verschiedenen Bedarfsstufen zugeordnet – zum Beispiel hat das „Kostenrisiko Krankheit" die höchste Bedarfsstufe 1, das Risiko des Verlustes oder der Beschädigung von Hausrat Bedarfsstufe 2. Mehr dazu und den genauen Wortlaut der DIN 77230 finden Sie online über die Seite din.de.

### Längst nicht alles notwendig

Neben all den Versicherungen, die zumindest sinnvoll sind, gibt es einiges am Markt, was Sie sich sparen können. Das gilt für Verträge, die in der Regel nur ein kleineres Risiko abdecken oder eines, für das Sie bereits anderen Schutz haben oder das anderweitig besser abgedeckt werden kann. Ein Beispiel sind Verträge für Ihr neues Handy oder Tablet. Sie können Ihre Alltagsgegenstände versichern für den Fall, dass sie beschädigt oder gestohlen werden. Allerdings stimmt das Verhältnis zwischen Preis und Leistung bei diesen Verträgen häufig nicht. Hier empfiehlt es sich eher, auf eigene Faust eine gewisse Summe für Notfälle anzusparen, anstatt Geld für Versicherungsbeiträge auszugeben.

Ähnlich ist es, wenn Sie überlegen, Ihr Reisegepäck zu versichern. Die Bedingungen von Reisegepäckversicherungen sind im Regelfall eher streng gestaltet – mit anderen Worten: Sollte Ihr Gepäck zum Beispiel am Flughafen gestohlen werden, kann es sein, dass Sie gar nicht wie erhofft das Geld vom Versicherer erhalten, etwa weil er Ihnen vorwerfen kann, dass Sie Ihr Gepäck kurz aus den Augen verloren haben. Ein weiterer

**AUSFÜLLHINWEIS**

### Formulare A Versicherungen im Überblick und B Ihr Versicherungs-Check

**Formular A Versicherungen im Überblick**

Im Formularteil finden Sie eine Tabelle, die Sie mit Ihren persönlichen Daten rund um Ihre Verträge füllen können: Art der Versicherung, Gesellschaft, Tarifname, Beitrag, Kündigungsmöglichkeiten. Füllen Sie sie aus, bekommen Sie einen guten Überblick, wo Sie stehen, wie viel Sie zahlen und wann Sie die Chance haben, aus einem bestehenden Vertrag auszusteigen. Die Onlineversion der Tabelle steht unter test.de/formulare-versicherungen und ist selbstrechnend. Die notwendigen Daten finden Sie im Versicherungsschein (Police) oder zum Teil in den weiteren Schreiben, die der Versicherer seither geschickt hat. Beachten Sie, dass je nach Art der Versicherung unterschiedliche Kündigungsfristen gelten (siehe S. 84, „Richtig kündigen").

**Formular B Ihr Versicherungs-Check**

Wie wichtig sind die einzelnen Versicherungen? Verschaffen Sie sich mit der Tabelle einen Überblick zu Ihrem bisherigen Schutz. Haken Sie ab, welche Versicherungen Sie haben und worum Sie sich kümmern wollen oder sollten.

Grund für den Verzicht auf die Reisegepäckversicherung: Einen gewissen Schutz für Ihr Gepäck haben Sie automatisch über die Hausratversicherung („Außenversicherung"), sofern Sie diese abgeschlossen haben. Allerdings zahlt die Hausratversicherung im Regelfall nicht, wenn etwa Ihr Gepäck während einer Schiffsreise aus Ihrer Kabine gestohlen oder aus dem Gepäckraum im Reisebus entwendet wird. Wollen Sie sich für diese Reisearten wappnen, kann die Gepäckversicherung je nach Wert des Gepäcks doch interessant werden. Für Wertsachen gibt es allerdings besondere Auflagen. Sie gehören nie ins aufgegebene Reisegepäck und im Hotel oder in der Schiffskabine in den Tresor.

Auf eine spezielle Reiseunfallversicherung sollten Sie dagegen verzichten. Besser als eine Versicherung, die nur bei Unfällen in einer bestimmten Lebenssituation – wie im Urlaub – aufkommt, ist eine private Unfallversicherung, die für die Folgen von Unfällen in jeder Lebenslage zahlt. Damit haben Sie nicht nur während der Mallorca-Reise Schutz, sondern auch, wenn Sie beispielsweise beim Fensterputzen in Ihrer eigenen Wohnung schwer stürzen und danach dauerhaft körperlich beeinträchtigt sind.

**Aufpassen bei Paketen**
Mancher Schutz, den Sie nicht brauchen, verbirgt sich in Versicherungspaketen – zum Beispiel in einem Rundumpaket für Ihre Reise mit Reisekranken-, Reiseunfall- und Reisegepäckversicherung. Alles in einem – das klingt bequem, doch brauchen Sie tatsächlich alle Leistungen? Wenn nicht, verzichten Sie auf das Paket und suchen Sie sich Einzelangebote.

## Sparen und Risikoschutz trennen

Über viele Jahre waren Versicherungen für die Altersvorsorge ein besonderer Renner: Über eine private Rentenversicherung ist es möglich, dass Sie sich für den Ruhestand eine Zusatzrente sichern. Oder haben Sie eine Kapitallebensversicherung abgeschlossen, die Todesfallschutz und einen Sparplan kombiniert? Hier werden die Beiträge des Kunden für einen längeren Zeitraum angelegt, sodass er zum Beispiel zu Rentenbeginn auf eine größere Summe zugreifen kann. Stirbt der Versicherte vor Ablauf des Vertrags, erhalten die Angehörigen eine bestimmte Summe. Wenn Sie bereits eine Versicherung abgeschlossen haben, mit der Sie auf eine private Rente oder eine größere Kapitalauszahlung hinsparen, empfiehlt es sich im Regelfall, dass Sie diese wenn möglich weiter fortführen (siehe „Fürs Alter vorsorgen", S. 70). Der Neuabschluss eines solchen Vertrags hat hingegen im Laufe der Jahre deutlich an Attraktivität verloren – die garantierte Verzinsung der Versicherungen ist immer weiter gesunken.

Wie kleine Kapitallebensversicherungen funktionieren die Ausbildungs- und die Sterbegeldversicherung. Bei der Sterbegeldversicherung zahlt der Kunde regelmäßig so viel ein, dass die Angehörigen im Todesfall auf eine Summe zurückgreifen können, mit der sich die Ausgaben für die Beerdigung begleichen lassen. Das erscheint hilfreich, um der Familie später eine schwierige Aufgabe zu erleichtern, doch eine Versicherung ist dafür nicht die günstigste Lösung. Legen Sie stattdessen besser auf eigene Faust Geld zurück, um für die Beerdigung zu sparen.

Die Ausbildungsversicherung, die zum Beispiel Eltern oder Großeltern abschließen können, zahlt den Kindern oder Enkeln des Versicherten bei dessen Tod eine bestimmte Summe aus, damit sie ihre Ausbildung weiter bestreiten können. Solche Versicherungen sind aber in der Regel eher unflexibel und teuer. Ausbildungsversicherungen sind umso teurer, je älter derjenige ist, der sie abschließt. Deshalb lautet die Empfehlung, Risikoschutz und Geldanlage zu trennen. Eltern, die für den Fall, dass ihnen etwas zustößt, ihre Kinder abgesichert wissen wollen, schließen am besten eine Risikolebensversicherung ab und legen separat Geld für die Kinder an, etwa in sichere Zinsanlagen wie Festgeld oder je nach Anlagehorizont in etwas riskantere Anlagen wie ETF (siehe „Mit Fonds – ohne Versicherung", S. 73).

# Der Versicherungsbedarf verändert sich

Berufseinsteiger benötigen andere Versicherungen als Rentner, Familien andere als Singles. Ein gutes Argument, regelmäßig Ihre Unterlagen zu prüfen.

In der großen Übersichtstabelle „Ihr Versicherungs-Check" (Formular B) finden Sie einige Versicherungen, die jeder Haushalt braucht – ganz egal, wie jung oder alt ein Mensch ist, wo er derzeit beruflich oder privat steht. Dazu gehört zum Beispiel die Privathaftpflichtversicherung. Auch um die Krankenversicherung kommen Sie nicht herum – entweder gesetzlich oder privat.

Andere Verträge können hingegen erst im Laufe des Lebens zum Thema werden, etwa die Wohngebäudeversicherung für Immobilienbesitzer oder eine private Krankenzusatzversicherung, wenn Sie sich in bestimmten medizinischen Bereichen mehr Leistungen wünschen als die der gesetzlichen Krankenkasse und sich diesen zusätzlichen privaten Schutz leisten können.

Auf den folgenden Seiten fassen wir zusammen, wie sich der Versicherungsbedarf an wichtigen Punkten im Leben ändert. Aber Vorsicht: Die genannten Punkte dienen der ersten Orientierung – auch an weiteren Zwischenstationen kann sich etwas an Ihrem Bedarf tun. Wenn Sie sich etwa einen Hund anschaffen (Tierhalterhaftpflichtversicherung) oder im Studium ein Auslandssemester einlegen (Auslandsreise-Krankenversicherung für Einzelreise), bringt das neue Anforderungen mit sich.

Die Aufgabe, sich um den eigenen Versicherungsschutz zu kümmern, stellt sich meist erst mit Ausbildungsbeginn. Solange Sohn oder Tochter zur Schule gehen und noch nicht volljährig sind, greift für sie oft der Schutz durch die Verträge der Eltern. So gilt beispielsweise die Hausratversicherung der Eltern auch für die Fahrräder der Kinder, und der Familienhaftpflichtschutz kommt auch zum Einsatz, wenn die zwölfjährige Tochter das Smartphone ihrer Freundin fallen lässt.

Anders ist es dagegen bei Personenversicherungen. Möchten Eltern etwa, dass ihre Kinder auch in der Freizeit vor den finanziellen Folgen eines Unfalls geschützt sind, müssen sie sich um speziellen Invaliditätsschutz für den Nachwuchs kümmern. Wollen sie, dass die Kinder in der Klinik oder beim Zahnarzt mehr Leistungsansprüche haben, als die gesetzliche Krankenkasse übernimmt, können sie für die Kinder private Zusatzversicherungen abschließen. Solche Verträge haben zwar nicht oberste Priorität, sind aber sinnvoll (siehe Tabelle „Ihr Versicherungs-Check").

Mit zunehmendem Alter steigt dann die Notwendigkeit, sich um das Thema Versicherungen zu kümmern. Wenn etwa der 17-jährige Sohn den Führerschein macht und anschließend „begleitet fährt" oder mit 18 als Fahranfänger das Familienauto mit nutzt, müssen die Eltern dem Kfz-Versicherer Bescheid geben, damit der Versicherungsschutz auf den Sohn ausgedehnt wird.

## Selbst aktiv werden mit Ausbildungsbeginn

Entscheiden sich junge Leute – ganz gleich, ob sie volljährig sind oder noch nicht – für eine betriebliche Ausbildung, müssen sie sich auf jeden Fall um ein Versicherungsthema kümmern: die Krankenversicherung. Mit Beginn der Ausbildung in einem Betrieb

**AUSFÜLLHINWEIS**

**Formular C
Der Versicherungsbedarf je nach Lebenssituation**
S. 105

Im Formularteil finden Sie im Formular C kurze Checklisten mit den wichtigsten Versicherungen für Auszubildende, Studenten, Berufseinsteiger, Selbstständige, als Paar, als Familie sowie als Rentner. Gleichen Sie ab, ob Sie die genannten Verträge haben, wenn Sie sich an einer der entsprechenden Stationen im Lebenslauf befinden. Nutzen Sie die Übersichten auch dann, wenn Sie derzeit zwischen zwei Stationen stehen – wenn Sie beispielsweise längst im Arbeitsleben stehen, also kein Berufseinsteiger mehr sind. Fehlt Ihnen etwas von den genannten Verträgen, nutzen Sie die Informationen unter Schritt 2, um nach passenden Angeboten zu suchen.

ist es nicht mehr möglich, beitragsfrei über die Eltern in einer gesetzlichen Krankenkasse mitversichert zu sein, sondern Azubis müssen selbst Mitglied einer gesetzlichen Krankenkasse werden. Auch wer bisher privat krankenversichert war, muss sich bei Ausbildungsbeginn kümmern, denn von nun an besteht Versicherungspflicht in einer gesetzlichen Kasse. Damit fließt wie bei den meisten anderen Angestellten jeden Monat ein Teil des Azubi-Bruttogehalts an die gesetzliche Krankenkasse sowie an die anderen Zweige der gesetzlichen Sozialversicherung wie Pflege- und Rentenversicherung. Den Azubis steht eine große Auswahl an gesetzlichen Krankenkassen offen. Sie müssen nicht bei der Kasse bleiben, bei der sie bisher über ihre Eltern versichert waren.

Auszubildende benötigen zudem den Schutz einer Privathaftpflichtversicherung. Haben aber die Eltern einen Vertrag, müssen sich die Kinder noch nicht um einen eigenen kümmern: Sie sind bis zum Ende der ersten Ausbildung über ihre Eltern versichert.

**Leerzeiten überbrücken**
Baut sich eine Ausbildung aus mehreren Abschnitten auf – etwa Ausbildung im Betrieb und anschließend Studium –, sollten Sie zur Sicherheit mit dem Versicherer der Eltern sprechen, ob er all diese Abschnitte als „erste" Ausbildung anerkennt, sodass der Haftpflichtschutz dafür ausreicht. Das gilt umso mehr, wenn zwischen den Ausbildungsabschnitten längere Pausen liegen.

Bei manchen Verträgen kann mit Ausbildungsbeginn alles bleiben wie zuvor. Beispiel Hausratversicherung: Bleibt der Azubi erst einmal zu Hause wohnen, gilt die Hausratversicherung der Familie weiter für ihn. Besser noch: Selbst wenn er in der Woche seine Zeit zum Beispiel im kleinen WG-Zimmer in der Nachbarstadt verbringt, kann es sein, dass der elterliche Vertrag ihn weiterhin schützt. Das ist über die sogenannte Außenversicherung zumindest bis zu einer Grenze, die meist bei zehn Prozent der Gesamtversicherungssumme liegt, möglich. Voraussetzung ist aber, dass die Kinder ihren eigentlichen Lebensmittelpunkt weiter im Elternhaus haben.

Reicht die Außenversicherung doch nicht aus, heißt das aber nicht, dass Sie gleich eine eigene Hausratversicherung benötigen. Machen Sie sich zunächst Gedanken darüber, ob die Einrichtungsgegenstände schon einen solchen Wert haben, dass Sie einen Verlust – beispielsweise durch Feuer oder Diebstahl – finanziell nicht verkraften würden. Meist ist die Erstausstattung im WG-Zimmer noch nicht besonders wertvoll, sodass eine eigene Versicherung entbehrlich sein kann.

Empfehlenswert ist hingegen, sich schon bei Ausbildungsbeginn oder wenigstens möglichst in jungen Jahren um eine private Berufsunfähigkeitsversicherung zu kümmern. Gerade junge Leute haben häufig das

Problem, dass sie keine oder höchstens eine sehr niedrige gesetzliche Erwerbsminderungsrente bekommen, wenn sie aus gesundheitlichen Gründen nicht (mehr) arbeiten können. Und außerdem gilt: Je jünger und gesünder Sie bei Vertragsabschluss sind, desto besser stehen Ihre Chancen, sich möglichst günstig zu versichern.

## Wichtig für Studierende

Vieles, was für Auszubildende im Betrieb gilt, trifft auch auf Studierende zu: Wer seine erste Ausbildung noch nicht beendet hat, kann über die Privathaftpflichtversicherung der Eltern versichert bleiben. Zur Sicherheit gilt aber auch hier: Setzt sich die Ausbildung aus mehreren Abschnitten zusammen – etwa Bachelor- und Masterstudium –, sollten Sie beim Versicherer nachfragen, ob Sie für die gesamte Zeit Schutz haben.

Auch fürs WG- oder Wohnheimzimmer ist häufig nicht zwingend eine eigene Hausratversicherung nötig. Sinnvoll ist dagegen schon im Studium eine Berufsunfähigkeitsversicherung. Es gibt Einsteigertarife, die in den ersten Jahren besonders günstig sind. Dafür steigt der Beitrag später zum Teil deutlich an.

Im Vergleich zu den Auszubildenden im Betrieb gibt es für Studenten aber einen entscheidenden Unterschied, und zwar beim Thema Krankenversicherung. Studierende haben den Vorteil, dass für sie weiterhin die beitragsfreie Familienversicherung über ihre Eltern möglich bleibt, zumindest bis zum 25. Geburtstag und solange sie ein monatliches Einkommen von höchstens 455 Euro erzielen. Sonst steht ihnen die vergünstigte Absicherung in der studentischen Krankenversicherung offen. Voraussetzung dafür ist allerdings, dass sie im Normalfall während der Vorlesungszeiten nicht mehr als 20 Stunden in der Woche neben der Uni arbeiten.

### Nebenjobs und Praktika

Wenn Studierende ihre Zeit an der Uni mit Nebenjobs und Praktika kombinieren, wird es manchmal schwierig, den Überblick zu behalten: Wann sind Beiträge zur Kranken- und Pflegeversicherung zu zahlen und wann nicht? Erkundigen Sie sich am besten bei Ihrer Krankenkasse nach den jeweiligen Rahmenbedingungen. Eine attraktive Möglichkeit zum Jobben bieten die Semesterferien, denn dann dürfen Sie für bis zu drei Monate am Stück auch mehr als 20 Stunden in der Woche arbeiten, ohne dass Sie für Ihren Verdienst – ganz gleich, wie hoch er ausfällt – Sozialabgaben leisten müssen.

## Im ersten richtigen Job

Mit Abschlusszeugnis und Arbeitsvertrag in der Tasche wird es Zeit, das Thema Versicherungen richtig anzugehen. Denn spätestens mit dem ersten richtigen Job benötigen Sie eine eigene Privathaftpflichtversicherung, und Sie sollten sich gegen die finanziellen Folgen des Verlusts Ihrer Arbeitsfähigkeit mithilfe einer Berufsunfähigkeitsversicherung absichern.

Für die Krankenversicherung gilt: Spätestens jetzt endet die beitragsfreie Familienversicherung, von der Sie etwa als Student oder in Übergangsphasen profitieren konnten. Starten Sie als Angestellter, werden Sie zu Beginn meist aufgrund der Höhe Ihres Gehalts versicherungspflichtig in einer gesetzlichen Krankenkasse. Nur bei einem Verdienst über der Versicherungspflichtgrenze von 62 550 Euro im Jahr (Stand 2020) dürfen Sie sich privat krankenversichern.

In einer besonderen Position sind diejenigen, die als Beamtenanwärter oder Beamte durchstarten. Sie sind nicht versicherungspflichtig in einer gesetzlichen Krankenversicherung. Sie haben in einzelnen Berufen Anspruch auf freie Heilfürsorge oder sonst Anspruch auf Beihilfe ihrer Dienstherren, sodass sie nur für den restlichen Teil der Gesundheitsleistungen eine Krankenversicherung benötigen. Für sie ist im Regelfall die private Krankenversicherung erste Wahl.

Mit dem ersten Gehalt in der Tasche ergibt sich die Chance, sich das eine oder andere zu gönnen, etwa ein eigenes Auto oder neue Möbel. Solche Investitionen wirken sich auf den Versicherungsbedarf aus. Die Kfz-Haftpflichtversicherung ist Pflicht, und mit zunehmendem Wert der Einrichtung wird eine Hausratversicherung wichtiger.

## Schutz für Selbstständige

Sie arbeiten nicht angestellt, sondern sind Ihr eigener Chef? Grundsätzlich gilt vieles von dem, was Angestellte beachten sollten, auch für Sie – zum Beispiel, dass Sie eine Privathaftpflichtversicherung haben und eine eigene Immobilie mit der Wohngebäudeversicherung schützen sollten.

Einige Besonderheiten gilt es aber doch zu beachten: In der Regel haben Sie als Freiberufler oder Gewerbetreibender die Chance, eine private Krankenversicherung abzuschließen – Sie müssen unabhängig von der Höhe Ihres Einkommens nicht in einer gesetzlichen Krankenkasse bleiben. Den Schritt zum privaten Versicherer sollten Sie sich jedoch gut überlegen. Lassen Sie sich nicht blenden, wenn die fälligen Beiträge anfänglich attraktiv niedrig erscheinen. Die private Krankenversicherung kann im Laufe der Zeit deutlich teurer werden.

Eine weitere Besonderheit ist, dass Sie sich als Selbstständiger mehr Gedanken machen sollten zur Frage, was eigentlich passiert, wenn Sie längere Zeit krankheitsbedingt ausfallen. Ihre Situation ist anders als die von Angestellten, die dank ihres Arbeitgebers erst einmal auf der sicheren Seite stehen: Sollten Sie etwa durch eine Rücken-OP außer Gefecht gesetzt sein, würde in den ersten sechs Wochen der Arbeitgeber den Lohn fortzahlen wie bisher. Diese Sicherheit haben Selbstständige nicht, doch Sie können aus eigener Kraft für Abhilfe sorgen: Wenn Sie privat krankenversichert sind, vereinbaren Sie mit dem Versicherer, ab wann er ein Krankentagegeld in welcher Höhe zahlt. Sind Sie in einer gesetzlichen Krankenkasse versichert, können Sie vereinbaren, ob und ab wann die Kasse während Ihrer Genesungszeit ein Krankengeld zahlt.

Und was, wenn Sie so schwer erkranken, dass Sie überhaupt nicht mehr berufstätig sein können? Um sich davor zu schützen, ist eine private Berufsunfähigkeitsversicherung sehr wichtig. Falls Sie sich diese nicht leisten können oder sie aufgrund von Vorerkrankungen nicht bekommen, gibt es einige Alternativen, die allerdings ihre Schwächen haben (siehe „Alternativen zur Berufsunfähigkeitsversicherung", S. 46). Die private Absicherung gegen Berufs- oder Erwerbsunfähigkeit ist umso wichtiger für die Selbstständigen, die keine Beiträge an die gesetzliche Rentenkasse zahlen und mit der Zeit ihren Anspruch auf eine gesetzliche Erwerbsminderungsrente verlieren (siehe „Gesetzlicher Schutz hat Lücken", S. 42).

Ein weiterer Bereich, den Selbstständige abdecken müssen, sind die betrieblichen Risiken. In manchen Branchen ist es Pflicht, eine Berufshaftpflichtversicherung abzuschließen. Anderenfalls ist es zumindest empfehlenswert, eine Berufs- oder Betriebshaftpflichtversicherung zu haben, um sich vor Schadenersatzansprüchen Ihrer Kunden oder Mandanten zu schützen.

Je nach Art Ihres Betriebes sind weitere Versicherungen sinnvoll, etwa eine Inventarversicherung oder eine Betriebsausfallversicherung, um sich zu schützen für den Fall, dass Sie etwa nach einem Wasserschaden Ihre Firmenräume nicht nutzen können.

## Vorab informieren

Jede Selbstständigkeit ist anders, je nach Tätigkeit und Branche können völlig unterschiedliche Versicherungen nötig sein. Genaue Informationen und Tipps für den Vertragsabschluss bekommen Sie zum Beispiel bei Ihrem Berufsverband oder bei der für Sie zuständigen Kammer. Oder Sie wenden sich an einen unabhängigen Versicherungsberater. Er verlangt zwar ein Honorar für seine Tätigkeit, aber er kassiert keine Provision von Versicherungsunternehmen. Sie können also neutrale Unterstützung bekommen.

## Als Paar gut geschützt – mit und ohne Trauschein

Wenn Sie mit Ihrem Partner zusammenziehen, ist beim Thema Versicherungen oft nicht die erste Frage: „Welche brauchen wir neu?", sondern: „Von welchen Verträgen können wir uns trennen?" Häufig bietet sich tatsächlich die Möglichkeit, doppelte Verträge zusammenzulegen und so Geld zu sparen. Bei einem gemeinsamen Wohnsitz benötigen Sie beispielsweise auch nur eine Privathaftpflichtversicherung. Der eine Partner kann in den Vertrag des anderen aufgenommen werden – er muss dort aber namentlich genannt werden. Den anderen, somit überflüssigen Vertrag können Sie dann zum nächstmöglichen Termin ordentlich kündigen, je nach Versicherer eventuell auch schon früher.

Ähnlich ist es bei der Hausratversicherung: Hatten Sie beide vorher einzelne Verträge, akzeptieren die Versicherer es eventuell aus Kulanz, wenn der jüngere Vertrag vorzeitig gekündigt wird. Wenn nicht, kann einer von Ihnen seinen bisherigen Vertrag zum nächstmöglichen Zeitpunkt kündigen.

Die erste gemeinsame Wohnung ist dann eine gute Gelegenheit, die verbleibende Hausratversicherung auf den neuesten Stand zu bringen: Ist die Versicherungssumme hoch genug für den gemeinsamen Hausstand?

Je nach Stand der Beziehung kann eine weitere Frage für Paare mit der Zeit wichtiger werden: Wie sichern wir uns gegenseitig ab, wenn einem von uns etwas zustößt? Das ist mit einer Risikolebensversicherung möglich. Beide Partner können jeweils einen Vertrag abschließen, oder Sie entscheiden sich für einen gemeinsamen Vertrag – eine „verbundene Leben". Der Todesfallschutz ist allen zu empfehlen, die jemanden versorgen und für den Ernstfall absichern wollen. Das gilt umso mehr, wenn Paare ohne Trauschein zusammenleben. Denn wer nicht verheiratet ist, hat beim Tod des Partners keinen Anspruch auf eine Witwen- oder Witwerrente aus der gesetzlichen Rentenversicherung und einen Erbanspruch nur dann, wenn der Verstorbene dies vorher etwa in einem Testament verfügt hatte.

Mit dem Trauschein vereinfachen sich die Fragen der gegenseitigen Absicherung ein wenig: Im Ernstfall hat der hinterbliebene Partner automatisch Anspruch darauf, etwas zu erben. Und er kann – wenn die Ehe im Regelfall mindestens ein Jahr gedauert hat – eine gesetzliche Hinterbliebenenrente bekommen. Allerdings ist diese Rente meist nicht sonderlich hoch, sodass der zusätzliche Abschluss einer Risikolebensversicherung weiter sinnvoll ist.

Haben beide Partner bei der Hochzeit noch ihre eigene Privathaftpflichtversicherung? Nach der Hochzeit können sie den jüngeren von beiden Verträgen direkt kündigen. Wer verheiratet ist, kann je nach Berufs- und Einkommenslage eventuell zusätzlich von einem Vorteil in der Krankenversicherung profitieren. In der gesetzlichen Krankenversicherung ist es möglich, dass Ehepartner beitragsfrei über den Partner mitversichert werden. Das klappt allerdings nur, wenn der Mitversicherte kein oder nur ein geringes eigenes Einkommen hat. Sind Sie privat versichert, haben Sie die Möglichkeit der beitragsfreien Mitversicherung nicht – jeder Partner benötigt eigenen Schutz.

Wenn Sie verbeamtet sind, kann Ihnen die Hochzeit allerdings finanzielle Vorteile bringen, da der Ehepartner und gemeinsame Kinder grundsätzlich auch einen Beihilfeanspruch erhalten. Allerdings kann der Partner nur davon profitieren, wenn er ein geringes eigenes Einkommen hat. Die Einkommensgrenze legt jeder Dienstherr fest.

### Es geht auseinander

Was Sie beim Zusammenziehen oder nach der Heirat an Beiträgen sparen, sollten Sie wieder einplanen, sobald Sie sich trennen. Statt der gemeinsamen Privathaftpflichtversicherung sollten beide Partner wieder jeweils einen Vertrag haben. Auch um Hausratschutz muss sich jeder wieder allein kümmern. Mehr Informationen und Hilfestellungen rund um die organisatorischen und rechtlichen Fragen finden Sie im Ratgeber „Aus und Vorbei. Hilfe bei Trennung und Scheidung" der Stiftung Warentest, erhältlich unter test.de/shop und im Buchhandel.

### Als Familie auf der sicheren Seite

Mit dem ersten Kind sollten Sie sich Gedanken um die finanzielle Absicherung machen, falls Ihnen etwas zustößt. Allen, die Angehörige zu versorgen haben, ist eine Risikolebensversicherung sehr zu empfehlen.

Meist ist es außerdem ratsam, bestehende Verträge zu überprüfen und wenn nötig den Schutz zu erhöhen. Beispiel Berufsunfähigkeitsversicherung: Wenn von nun an eine weitere Person von Ihrem Einkommen leben muss, prüfen Sie, ob sich die bis dato vereinbarte Rente für den Fall einer Berufsunfähigkeit erhöhen lässt. Stellen Sie zudem sicher, dass in der Privathaftpflichtversicherung Schäden durch deliktunfähige Kinder mitversichert sind (siehe „Die Familie absichern", S. 52).

Auch um Verträge für den Nachwuchs selbst müssen Sie sich kümmern. Pflicht ist, das Kind entweder in einer gesetzlichen Krankenkasse oder bei einem privaten Krankenversicherer anzumelden. Auch ein zusätzlicher Invaliditätsschutz – etwa durch eine Kinderinvaliditäts- oder eine Kinderunfallversicherung – ist sinnvoll (siehe „Eigene Verträge für die Kinder", S. 54).

### Für Immobilienbesitzer und Bauherren

Ein eigenes Haus oder eine Eigentumswohnung ist für die meisten Menschen die größte Investition ihres Lebens. Umso wichtiger ist es, die Immobilie von Beginn an richtig abzusichern. Für Ihr Eigenheim benötigen Sie auf jeden Fall eine Wohngebäudeversicherung, da Sie sonst beispielsweise ein Feuer im Haus ruinieren würde. Auch eine Hausratversicherung ist sinnvoll.

Haben Sie eine Ölheizung, ist eventuell eine Gewässerschadenhaftpflichtversicherung nötig. Prüfen Sie zuerst, ob Ihr Privathaftpflichtversicherer zum Beispiel eine bestimmte Höchstgröße für Ihren Tank vorgibt oder verlangt, dass der Tank oberirdisch angebracht sein muss. Erfüllt Ihre Anlage die jeweiligen Voraussetzungen nicht, sollten Sie sich um den Zusatzschutz kümmern.

Bedenken Sie außerdem: Ihr Eigenheim braucht nicht erst Schutz, wenn Sie darin wohnen. Auch für die Bauphase sind einige Verträge sinnvoll.

→ **Restschuldversicherung.** Damit Ihre Angehörigen finanziell auf der sicheren Seite stehen, falls Sie sterben, ist diese besondere

Form der Risikolebensversicherung eine Möglichkeit, um Ihren Immobilienkredit abzusichern.

→ **Bauherrenhaftpflichtversicherung.** Wird durch Ihre Baustelle ein Schaden verursacht, haften Sie dafür – wenn etwa spielende Kinder an einer schlecht abgesicherten Stelle stürzen oder herabfallende Werkzeuge parkende Autos beschädigen. Vor den finanziellen Folgen schützen Sie sich mit dieser speziellen Haftpflichtversicherung.

→ **Bauleistungsversicherung.** Damit können Sie sich zum Beispiel vor den Folgen ungewöhnlicher Witterungsereignisse schützen, etwa wenn ein Sturm die Wände eindrückt. Der Versicherer zahlt aber auch, wenn zum Beispiel jemand die frisch verputzten Wände beschmiert oder mutwillig Fensterbänke abbricht.

→ **Feuerversicherung für den Rohbau.** Schließen Sie frühzeitig eine Wohngebäudeversicherung ab, ist die Immobilie auch schon als Rohbau geschützt.

→ **Unfallversicherung für Bauhelfer.** Freiwillige Helfer aus dem Freundes- oder Familienkreis müssen Sie bei der Berufsgenossenschaft anmelden.

## Wichtig im Rentenalter

Wenn mit Ende 50 oder spätestens Anfang 60 das Rentenalter langsam näher rückt, gewinnen neue Versicherungsfragen an Bedeutung. So wird die Absicherung für den Pflegefall häufiger zum Thema. Sie müssen davon ausgehen, dass Sie – sollten Sie tatsächlich im Alter pflegebedürftig werden – allein mit dem Geld aus der gesetzlichen Pflegeversicherung nicht alle Ausgaben decken können. Eine Möglichkeit, um diese Lücke zu schließen, ist eine private Pflegezusatzversicherung. Für den Abschluss ist das Alter von etwa 55 Jahren ein guter Zeitpunkt. Wenn Sie schon Mitte 60 sind, kann es hingegen selbst bei bester Gesundheit schwierig werden, überhaupt einen Vertrag zu bekommen.

Interessant kann im Rentenalter auch eine spezielle Unfallversicherung für Senioren werden. Diese Verträge zeichnen sich dadurch aus, dass Sie sich nach einem Unfall zum Beispiel besondere Hilfsdienste für zu Hause sichern können.

Für den Ruhestand müssen Sie einplanen, dass die Ausgaben zur Krankenversicherung Sie weiter begleiten werden. Waren Sie zum Ende des Berufslebens gesetzlich krankenversichert, werden Sie es auch im Ruhestand sein. Das bedeutet, Sie zahlen Ihre Versicherungsbeiträge abhängig vom Einkommen. Wenn Sie hingegen vor dem Ruhestand privat krankenversichert waren, können Sie sich als Rentner nicht mehr gesetzlich krankenversichern. Die Beiträge zur privaten Krankenversicherung richten sich nicht nach Ihrem Einkommen, sondern nach Ihrem Tarif und den vereinbarten Leistungen. Ihre Ausgaben werden vermutlich mit zunehmendem Alter weiter steigen und können zu einer enormen finanziellen Belastung werden.

Mit dem Alter ergibt sich aber auch manches Sparpotenzial, etwa beim Berufsunfähigkeitsschutz: Spätestens mit Rentenbeginn läuft der Vertrag aus. Damit fällt ein dicker Posten auf der Ausgabenseite weg. Hinzu kommt, dass es bei verschiedenen Versicherungsarten wie Privathaftpflicht oder Rechtsschutz mit „Seniorentarifen" besondere Rabatte für ältere Kunden gibt. Das kann sich lohnen, um Beiträge zu sparen. Erkundigen Sie sich aber vor einem Wechsel genau, welche Leistungen der Seniorentarif bietet, und nehmen Sie sich noch einmal Zeit für einen Angebotsvergleich: Gut möglich, dass der angebotene Seniorentarif doch etwas teurer ist als ein Normaltarif bei einem anderen Versicherer.

# Schritt 2:
## Passende Angebote finden, laufende Verträge verbessern

Schutz für mich, für die Familie, für das Zuhause, für unterwegs: Wenn Sie Versicherungen neu abschließen wollen, lohnt sich ein genauer Blick in den Leistungskatalog der einzelnen Tarife.

Bei bereits bestehenden Verträgen sollten Sie prüfen, ob die vereinbarten Details noch zu Ihrer aktuellen Lebenssituation passen. Gut möglich, dass es längst passendere, leistungsstärkere oder günstigere Angebote für Sie gibt. Wir zeigen, welche Anpassungen Sie ganz konkret vornehmen können.

# Haftpflichtschutz: Wenn Sie andere schädigen

Schadenersatz kann teuer werden. Deshalb gehört eine Privathaftpflichtversicherung in jeden Haushalt. Eventuell sind weitere Haftpflichtverträge nötig.

Schon ein kleines Missgeschick reicht aus: Sie wollen bei einer Feier mit Ihrem gefüllten Glas an den Nachbartisch, bleiben mit Ihrer Tasche an einem Stuhl hängen, stolpern und verschütten Ihren Rotwein.

Die Reinigungskosten für den unschönen Fleck auf dem Anzug eines anderen Gastes können Sie vermutlich noch selbst aufbringen. Doch was, wenn sich der Wein über das Smartphone Ihres Tischnachbarn ergießt und dessen Gerät dadurch unbrauchbar wird? Auch dann können Sie zwar den Schaden oftmals noch selbst ersetzen, aber natürlich schmerzt es, ein paar Hundert Euro aus eigener Tasche zu zahlen.

Besser dran sind Sie mit einer Privathaftpflichtversicherung, die in so einem Fall den Schadenersatz für Sie übernimmt. Der Versicherer springt ein, wenn Sie jemand anderem einen Schaden zufügen.

Dieser Schutz ist besonders wichtig, weil Sie nicht nur für Schäden an Gegenständen wie Anzug oder Smartphone haften, sondern auch für die Folgen aufkommen müssen, wenn Sie zum Beispiel versehentlich jemanden schwer verletzen. Verursachen Sie etwa als Radfahrer einen Unfall und kommt dabei ein Fußgänger zu Schaden, haften Sie beispielsweise für die Ausgaben für seine Behandlung, für die Kosten einer Reha-Maßnahme und im ungünstigen Fall auch für eine Rente, sollte der Geschädigte nicht mehr arbeiten können. Sie haften per Gesetz bis zur Pfändungsfreigrenze mit Ihrem gesamten Vermögen für Schäden, die Sie anderen zufügen. Ein von Ihnen verursachter Fahrradunfall könnte Sie somit ruinieren.

## Nicht ohne Privathaftpflichtversicherung

Um sich vor Schadenersatzforderungen zu schützen, sollte in keinem Haushalt eine Privathaftpflichtversicherung fehlen. Sehr guter Schutz ist für unter 100 Euro im Jahr zu bekommen (siehe Kasten „Unser Rat", S. 30). Kinder sind bis zum Ende der ersten Ausbildung über den Vertrag der Eltern geschützt. Wer also beispielsweise nach dem Abitur ein Studium aufnimmt oder eine betriebliche Ausbildung beginnt, benötigt keinen eigenen Vertrag, selbst wenn er schon zu Hause ausgezogen ist.

Spätestens mit Beginn des ersten richtigen Jobs ist die familiäre Absicherung aber nicht mehr möglich. Eventuell müssen Sie aber doch schon früher handeln, beispielsweise wenn die einzelnen Ausbildungsabschnitte nicht nahtlos aneinander anschließen (siehe „Der Versicherungsbedarf verändert sich", S. 19).

## Vertrag auf dem neuesten Stand?

Sie sind erstmals auf der Suche nach einer Haftpflichtversicherung oder wollen Ihren bisherigen Schutz wechseln? Dann lohnt sich vor Vertragsabschluss ein Blick auf die Testsieger, die die Zeitschrift Finanztest im Herbst 2019 ermittelt hat (siehe „Unser Rat", S. 30).

Sie haben bereits einen Vertrag, aber keine Wechselabsichten? Auch dann ist es angebracht, sich mit der Haftpflichtversicherung zu beschäftigen. Klären Sie, ob der

Schutz noch hoch genug ist. Gerade wenn Sie den Vertrag bereits vor mehreren Jahren abgeschlossen haben, sollten Sie einen Blick auf die Bedingungen werfen: Wie hoch ist die ursprünglich vereinbarte Versicherungssumme? Welche Leistungen sind inbegriffen, welche nicht?

Die Vertragsbedingungen sind in den vergangenen Jahren deutlich besser geworden, es gibt viele sehr gute Angebote, wie die jüngsten Untersuchungen der Stiftung Warentest belegen. Wichtig ist zum Beispiel, dass die Versicherungssumme hoch genug ist. Mindestens 10 Millionen Euro pauschal für Sach- und Personenschäden sollten es sein. Haben Sie einen sehr alten Vertrag, kann die vereinbarte Versicherungssumme deutlich niedriger sein. Wichtig ist zudem, dass zum Beispiel Schäden im Ausland versichert sind. Mietsachschäden sollten mindestens in Höhe von 500 000 Euro gedeckt sein. Diese und andere besonders wichtige Leistungen hat die Stiftung Warentest im „Grundschutz" für empfehlenswerte Tarife vorgegeben.

Abgesehen davon können je nach aktueller Lebenssituation oder den persönlichen Wünschen weitere Extras für Ihren persönlichen Haftpflichtschutz sinnvoll sein. Wenn Sie zum Beispiel kleine Kinder haben, kann es sich auszahlen, mit dem Versicherer zu vereinbaren, dass er für Schäden durch deliktunfähige Personen aufkommt (siehe „Die Familie absichern", S. 52).

Finanziell wertvoll kann es ebenfalls sein, wenn der Versicherer für Schadenersatzforderungen der Versicherten untereinander zahlt. Schließlich treffen mögliche Fehler im Haushalt am ehesten den Partner oder die Kinder. Normalerweise zahlen die Haftpflichtversicherer dafür aber nicht. Doch es gibt Anbieter, die trotzdem einspringen und in so einem Fall zumindest für Personenschäden aufkommen.

**AUSFÜLLHINWEIS**

### Formular D
### Checkliste Privathaftpflichtversicherung

Die Stiftung Warentest hat einen Katalog an Leistungen zusammengestellt, die ein empfehlenswerter Haftpflichttarif bieten sollte. Diesen sogenannten Grundschutz finden Sie im Formularteil. Nehmen Sie die Übersicht zur Hand und überprüfen Sie, ob Ihr aktueller Tarif oder ein vorliegendes Angebot für eine neue Privathaftpflichtversicherung diese Leistungen beinhaltet.

## Wann Zusatzschutz notwendig ist

Auch wenn Sie sich für einen sehr leistungsstarken Tarif entschieden haben: Es gibt Alltagssituationen, in denen Sie trotz Privathaftpflichtversicherung keinen Schutz haben. Das gilt zum Beispiel für Hundehalter. Die Privathaftpflichtversicherung kommt zwar für Schäden durch Katzen, Vögel oder Kleintiere wie Hamster und Meerschweinchen auf, nicht aber, wenn Ihr Hund einen Schaden verursacht, weil er etwa einen Fußgänger beißt oder ein Kind sich vor ihm erschrickt und sich deshalb verletzt. Für so einen Fall benötigen Sie eine Tierhalterhaftpflichtversicherung. Für Hundehalter in manchen Bundesländern ist sie gesetzlich vorgeschrieben. Aber auch wenn das bei Ihnen nicht gilt, sollten Sie sie abschließen.

Weiteren wichtigen Haftpflichtschutz gibt es für folgende Lebensbereiche:
→ Sind Sie Halter eines Autos, ist Haftpflichtschutz per Gesetz in Deutschland vorgeschrieben. Der Haftpflichtversicherer springt ein, wenn mit Ihrem Fahrzeug ein Unfall verursacht wird. Mehr dazu unter „Sicher unterwegs im Straßenverkehr", S. 64.
→ Haben Sie sich für einen der neuen E-Scooter (Tretroller mit Elektroantrieb) ent-

**UNSER RAT**

## Privathaftpflichtversicherung

**Bedarf und Leistungen.** Der Schutz sollte in keinem Haushalt fehlen. Der Versicherer zahlt für Schäden, die Sie jemandem aus Versehen, auch bei grober Fahrlässigkeit, zugefügt haben – aber nicht für absichtlich herbeigeführte Schäden.

**Die Besten im Test.** Finanztest hat im Herbst 2019 zuletzt Haftpflichttarife untersucht. Das Ergebnis: Die beste Absicherung für die ganze Familie bietet die Signal Iduna mit ihrem Premium-Tarif für 102 Euro jährlich. Das günstigste nächstbeste Angebot kommt vom HDI mit dem PHV Premium Online für 94 Euro. Nur 65 Euro kostet der ebenfalls sehr gute Tarif Optimal der WGV. Der schützt Familienmitglieder aber nicht bei Haftpflichtforderungen untereinander.

**Bei Neuabschluss.** Suchen Sie sich einen Tarif aus, der den von Finanztest vorgegebenen Grundschutz erfüllt. Überlegen Sie, ob Ihnen besondere Extra-Leistungen wichtig sind, etwa der Schutz bei Schäden durch deliktunfähige Kinder.

**Bei vorhandenem Vertrag.** Gerade wenn Ihr Vertrag schon mehrere Jahre läuft, prüfen Sie die Bedingungen und die Höhe der Versicherungssumme. Ein Neuvertrag kann nicht nur bessere Leistungen bieten, sondern sogar günstiger sein.

schieden, müssen Sie eine separate Haftpflichtversicherung haben. Nutzen Sie hingegen ein Pedelec (E-Bike), greift der Schutz der Privathaftpflichtversicherung, sofern sie die entsprechende Deckungserweiterung beinhaltet. Sonst gehen Versicherte leer aus, die mit einem Pedelec einen Unfall verursachen und Schadenersatz zahlen müssen.

→ Sind Sie beruflich selbstständig? Als Unternehmer haften Sie für Schäden, die Sie oder Ihre Mitarbeiter im Zusammenhang mit Ihrer beruflichen oder betrieblichen Tätigkeit verursachen – ganz gleich, ob Sie Steuerberaterin, Fliesenleger oder Architekt sind. Gegen solche Schadenersatzansprüche können Sie sich mit einer Berufs- oder Betriebshaftpflichtversicherung wappnen. Für einzelne Berufsgruppen ist sie gesetzlich vorgeschrieben.

→ Haben Sie als Hausbesitzer eine Ölheizung? Dann kann es sein, dass Sie aufgrund des Heizöltanks eine separate Gewässerschaden-Haftpflichtversicherung abschließen müssen. Je nach Größe oder Art des Tanks ist es möglich, dass der Schutz der Privathaftpflichtversicherung hierfür nicht reicht.

→ Wer gerade ein Haus baut, sollte dieses Vorhaben unbedingt mit einer Bauherren-Haftpflichtversicherung schützen. Als Bauherr haften Sie für Schäden, die rund um das Bauprojekt entstehen, wenn etwa ein parkendes Auto von herabfallenden Bauteilen getroffen wird. Bauen Sie eine bestehende Immobilie um, kann es sein, dass dafür die Privathaftpflichtversicherung noch ausreicht. Je nach Tarif sind zum Beispiel Arbeiten im Wert von bis zu 100 000 Euro abgesichert. Ein Blick in die Vertragsunterlagen bringt hier Klarheit.

→ Im Winter kann es schnell passieren: Der Postbote rutscht auf dem vereisten Gehweg zu Ihrer Haustür aus. Wenn Sie allein in Ihrem eigenen Haus leben, haben Sie für einen solchen Notfall Schutz über die Privathaftpflichtversicherung. Das gilt in der Regel auch noch, wenn Sie nur einzelne Zimmer oder eine Einliegerwohnung mit maximal drei Zimmern in Ihrem Haus vermieten. Sobald Sie aber mehr vermieten, benötigen Sie den Schutz einer Haus- und Grundbesitzerhaftpflichtversicherung, um gegen die finanziellen Folgen von Schäden auf Ihrem Grund gewappnet zu sein.

# Krankheit und Pflege: Schutz ist Pflicht

Kranken- und Pflegeversicherung sind gesetzlich vorgeschrieben. Darüber hinaus können Sie sich je nach Ihren persönlichen Wünschen zusätzliche Leistungen sichern.

Ob es um den Arztbesuch bei einer Grippe geht, eine Hüft-OP, Termine bei der Logopädin oder beim Physiotherapeuten: Jeder Mensch in Deutschland soll die Möglichkeit haben, die medizinische Behandlung zu bekommen, die notwendig ist. Deshalb ist die Krankenversicherung gesetzliche Pflicht. Auch die Absicherung für den Pflegefall ist per Gesetz vorgeschrieben.

Die meisten Menschen hierzulande sind in einer gesetzlichen Krankenkasse versichert – entweder selbst als Mitglied, sodass sie einen Beitrag zahlen müssen, der sich nach ihrem Einkommen richtet, oder aber über die sogenannte Familienversicherung. Das bedeutet, dass entweder der Ehe- oder eingetragene Lebenspartner oder ein Elternteil das beitragspflichtige Kassenmitglied ist und Kinder und/oder Partner beitragsfrei mitversichert sind. Wer gesetzlich krankenversichert ist, der ist automatisch auch in der gesetzlichen Pflegeversicherung.

Neben der gesetzlichen Krankenversicherung gibt es die privaten Krankenversicherer. Hier zahlen die Versicherten ihren Beitrag nicht in Abhängigkeit vom Einkommen, sondern je nach den mit dem Versicherer vertraglich vereinbarten Leistungen. Auch das Alter und der Gesundheitszustand bei Vertragsabschluss spielen eine Rolle für die Beitragshöhe.

Sie können sich allerdings nur unter bestimmten Voraussetzungen privat versichern, etwa als Beamter, sehr gut verdienender Angestellter und bei Selbstständigkeit. Privat Krankenversicherte sind automatisch in der privaten Pflegepflichtversicherung.

## Wer versichert sich wie?

Die private Krankenversicherung und die damit verbundenen Leistungen mögen reizvoll erscheinen. Für viele Menschen in Deutschland stellt sich jedoch die Frage, ob gesetzlich oder privat, gar nicht erst, weil sie verpflichtet sind, sich in einer gesetzlichen Kasse zu versichern. Nur unter bestimmten Voraussetzungen haben Sie die Wahl:

→ **Angestellte.** Sie sind versicherungspflichtig in einer gesetzlichen Krankenkasse, solange ihr Jahreseinkommen bei höchstens 62 550 Euro liegt. Das ist die sogenannte Versicherungspflichtgrenze im Jahr 2020. Sie ändert sich jedes Jahr.

→ **Angestellte mit höherem Verdienst.** Verdienen sie über 62 550 Euro, können sie entscheiden, ob sie sich als freiwilliges Mitglied in einer gesetzlichen Kasse versichern oder ob sie in die private Krankenversicherung wechseln.

→ **Beamte.** Für sie lohnt sich meist der Weg in die private Krankenversicherung. Sie haben Anspruch auf Beihilfeleistungen. Das bedeutet, dass ihr Dienstherr ihnen einen Zuschuss zu den Gesundheitsausgaben zahlt, zum Beispiel 50 Prozent. Dann benötigen sie nur für die restlichen Ausgaben eine Krankenversicherung. Alternativ können sie sich freiwillig in einer gesetzlichen Krankenkasse versichern. Dann müssen sie aber in den meisten Fällen den kompletten Beitrag allein zahlen.

Es gibt allerdings einige Ausnahmen, denn in einzelnen Bundesländern – den Anfang hatte Hamburg gemacht – können neue Landesbeamte vereinbaren, dass ihnen nicht ihre Gesundheitskosten anteilig erstattet werden, sondern dass sie über die Beihilfe von ihrem Dienstherrn einen Zuschuss zu den Beiträgen der gesetzlichen Kasse erhalten. Für Beamte in den niedrigen Besoldungsgruppen kann sich dieser Weg lohnen, wenn sie Kinder haben, die sie beitragsfrei mitversichern können. Doch die Entscheidung sollte gut überlegt sein, denn ein Wechsel ist später nicht mehr möglich.

→ **Selbstständige.** Sie haben die Wahl, ob sie sich gesetzlich oder privat krankenversichern wollen.

→ **Kinder.** Entscheidend ist zunächst, wie die Eltern versichert sind. Davon hängt ab, ob für die Kinder die beitragsfreie Familienversicherung in einer gesetzlichen Kasse infrage kommt oder ob die Eltern für sie eine private Krankenversicherung abschließen. Fest steht aber: Sobald ein Kind eine betriebliche Ausbildung beginnt, muss es selbst Mitglied einer gesetzlichen Krankenkasse werden – auch wenn es noch keine 18 ist und ganz gleich, ob es vorher gesetzlich oder privat versichert war. Für Studierende ist das anders: Sie können bis zum 25. Geburtstag beitragsfrei über die Eltern versichert bleiben oder sich von der gesetzlichen Versicherungspflicht zugunsten einer privaten Versicherung befreien lassen.

→ **Rentner.** Je nachdem, ob sie zuletzt im Berufsleben gesetzlich oder privat krankenversichert waren, werden sie es auch im Ruhestand sein. Ein Wechsel aus der privaten in die gesetzliche Krankenversicherung ist in aller Regel nach dem 55. Geburtstag ausgeschlossen.

## Die Qual der Wahl

Wer die Wahl zwischen beiden Systemen hat, sollte sich die Entscheidung gut überlegen. Wenn Sie sich für die private Krankenversicherung entscheiden, wird es später schwierig, in eine gesetzliche Kasse zurückzukehren. Spätestens ab dem Alter von 55 Jahren scheidet die Rückkehr sowieso aus, und auch vorher klappt es nicht ohne Weiteres. Wenn Sie etwa angestellt beschäftigt sind und bei hohem Verdienst zu einem privaten Versicherer gegangen sind, können Sie nur in eine gesetzliche Kasse zurück, wenn Sie wieder versicherungspflichtig werden – zum Beispiel, wenn Ihr Einkommen unter die Versicherungspflichtgrenze sinkt.

Rein aus finanzieller Sicht gilt, dass für Angestellte und Selbstständige die Absicherung in der gesetzlichen Krankenversicherung auf Dauer in aller Regel günstiger ist. Denn hier zahlen Sie die Beiträge in Abhängigkeit von Ihrem Einkommen. Das hat den Vorteil, dass die Beiträge sinken, wenn etwa mit Eintritt in den Ruhestand Ihr Einkommen sinkt. Günstiger ist der gesetzliche Schutz außerdem für Familien, denn über die beitragsfreie Familienversicherung können Kassenpatienten mit Kindern einiges sparen im Vergleich zu Privatversicherten.

Auf der anderen Seite gehen die Leistungen der privaten Krankenversicherung an mehreren Stellen über die der gesetzlichen Kassen hinaus. Deshalb kann der Weg in die private Krankenversicherung für diejenigen interessant sein, die sich bessere Leistungen wünschen und bereit sind, dafür auf Dauer mehr zu zahlen. Für Beamte ist die private Krankenversicherung meist die bessere Wahl. Einen Überblick zu beiden Systemen bietet die Tabelle „Gesetzliche und private Krankenversicherung im Vergleich", S. 33.

## Breites Angebot an Krankenkassen

Egal, ob Sie aufgrund Ihrer beruflichen Situation dazu verpflichtet sind oder ob Sie sich freiwillig für die gesetzliche Krankenversicherung entscheiden: Sie haben als

## Gesetzliche und private Krankenversicherung im Vergleich

**Wichtige Unterschiede zwischen den beiden Versicherungssystemen:**

| Gesetzliche Krankenversicherung | Private Krankenversicherung |
|---|---|
| **Leistungen** | |
| Die Leistungen sind zu zirka 95 Prozent gesetzlich vorgeschrieben und damit bei allen Kassen gleich. Der Gesetzgeber kann diese Leistungen auch streichen oder ändern. | Kunden vereinbaren Art und Umfang der Leistungen vertraglich mit dem Versicherer. Es sind höhere, aber auch geringere Leistungen möglich als in der gesetzlichen Versicherung. Die vertraglichen Leistungen sind bis ans Lebensende garantiert. |
| Patienten erhalten Behandlungen und Medikamente ohne Rechnung über die Versichertenkarte und zahlen nur die gesetzlichen Zuzahlungen. Mit der ärztlichen Abrechnung haben sie nichts zu tun. | Patienten erhalten von Ärzten oder in der Apotheke Rechnungen, die sie bezahlen. Der Versicherer erstattet dann die Kosten bis zu der Höhe, wie sie im Vertrag vorgesehen ist. |
| **Beiträge** | |
| Der Beitrag richtet sich nach dem Einkommen bis zur Beitragsbemessungsgrenze. Sinkt das Einkommen, sinkt auch der Beitrag. Selbstständige mit geringen Einkünften zahlen einen Mindestbeitrag. Familienmitglieder ohne eigenes Einkommen sind beitragsfrei mitversichert. | Der Beitrag richtet sich nach dem Leistungsumfang des Tarifs sowie nach dem Eintrittsalter und Gesundheitszustand bei Vertragsschluss. Der Beitrag sinkt daher nicht, wenn das Einkommen geringer wird. Jedes Familienmitglied benötigt einen eigenen Vertrag. |
| Der Beitrag steigt, wenn der allgemeine Beitragssatz der Krankenkassen per Gesetz angehoben wird oder die eigene Kasse ihren Zusatzbeitragssatz erhöht. Für Gutverdiener steigt der Beitrag auch durch die jährliche Anhebung der Beitragsbemessungsgrenze. | Der Beitrag steigt immer dann, wenn die Ausgaben der Versicherer oder die Lebenserwartung der Kunden dauerhaft über den Werten liegen, mit denen die Versicherer kalkuliert hatten. |
| **Wechsel zwischen den Anbietern** | |
| Der Wechsel zu einer anderen allgemein geöffneten Krankenkasse ist jederzeit möglich. Ihr Gesundheitszustand spielt keine Rolle. | Private Versicherer können Kunden ablehnen, zum Beispiel wegen Vorerkrankungen. Beim Wechsel zu einer anderen Gesellschaft verlieren Versicherte außerdem immer einen Teil ihrer Alterungsrückstellung. |
| **Recht im Streitfall** | |
| Widerspruch gegen Entscheidungen der Krankenkasse ist kostenlos. Klage nach Sozialrecht. Geringeres Prozesskostenrisiko: Gerichtsgebühren und Anwaltshonorare richten sich nicht nach dem Streitwert, sondern sind gesetzlich begrenzt. | Kein gesetzlich geregeltes Widerspruchsrecht. Klage nach Zivilrecht. Höheres Prozesskostenrisiko: Gerichtsgebühren und Anwaltshonorare richten sich nach dem Streitwert, ohne Begrenzung. |
| Verliert der Versicherte vor Gericht, muss er nur seine eigenen Kosten tragen, nicht die der Krankenkasse. | Verliert der Versicherte vor Gericht, muss er die eigenen und die Kosten des Gegners tragen, zum Beispiel auch für teure Gutachten. |

Kassenpatient mehr Auswahl, als Sie vielleicht erwarten. Schließlich gibt es immer noch über 100 Krankenkassen in Deutschland, aus denen Sie wählen können.

Viele davon stehen allen gesetzlich Versicherten offen, andere können zumindest die Bürger eines oder mehrerer Bundesländer wählen. Darüber hinaus gibt es noch einige Kassen, die nur für die Mitarbeiter eines bestimmten Betriebs und deren Angehörige geöffnet sind.

## Auswahlkriterium Beitragssatz

Es gibt verschiedene Kriterien, die Sie bei der Auswahl Ihrer Kasse berücksichtigen können, eines davon ist der Beitragssatz: Einen Beitrag von 14,6 Prozent erheben alle Kassen, darüber hinaus dürfen sie einkommensabhängige Zusatzbeiträge festlegen. Für die Mitglieder der meisten Kassen wird so ein Zusatzbeitrag fällig, Anfang 2020 verzichtet nur die AOK Sachsen-Anhalt darauf.

Als Angestellter teilen Sie sich den Beitrag mit Ihrem Arbeitgeber je zur Hälfte. Als Selbstständiger müssen Sie ihn in der Regel allein aufbringen. Es sei denn, Sie sind etwa als freier Journalist oder Schauspielerin über die Künstlersozialkasse versichert. Dann fällt auch für Sie nur der halbe Beitragssatz an, den Rest erhalten Sie als Zuschuss.

Wenn Sie bereits im Ruhestand sind, zahlen Sie für die gesetzliche Rente ebenfalls nur den halben Beitragssatz Ihrer Krankenkasse. Den Rest erhalten Sie als Zuschuss aus der Rentenkasse. Wenn Sie eine Betriebsrente beziehen, müssen Sie dafür den vollen Beitragssatz zahlen. Seit Anfang 2020 profitieren Sie hier aber von einer Gesetzesänderung. Denn nun gilt, dass Sie erst Beiträge zahlen müssen, wenn die Rente über dem neu eingeführten Freibetrag – im Jahr 2020 sind das 159,25 Euro – liegt.

Je nachdem, welches Einkommen Sie erzielen, macht sich ein Unterschied beim Beitragssatz mehr oder weniger deutlich bemerkbar. Verdienen Sie beispielsweise jeden Monat 4 000 Euro brutto, zahlen Sie bei einer Kasse mit Beitragssatz 15,4 Prozent 308 Euro selbst. Bei einem Beitragssatz von 16,1 Prozent müssten Sie dagegen 322 Euro im Monat für die Krankenversicherung aufbringen – 14 Euro mehr. Bei niedrigerem Gehalt machen sich die Unterschiede beim Beitragssatz weniger bemerkbar. Liegt das Monatsbrutto zum Beispiel bei 1 800 Euro, zahlen Sie entweder 138,60 Euro selbst (Beitragssatz 15,4 Prozent) oder 144,90 Euro (Beitragssatz 16,1 Prozent).

### Pflegeversicherung obendrauf

Nicht vergessen: Zum Beitrag für die gesetzliche Krankenversicherung kommt immer noch der Beitrag für die gesetzliche Pflegeversicherung hinzu – derzeit 3,05 Prozent. Diesen Beitragssatz teilen sich Angestellte ebenfalls mit ihrem Arbeitgeber. Sind Sie älter als 23 und haben keine Kinder, müssen Sie zusätzlich 0,25 Prozent extra für die Pflegeversicherung aufbringen. Als Rentner zahlen Sie den kompletten Beitrag zur Pflegeversicherung allein.

## Leistungen im Vergleich

Doch nicht nur im Preis unterscheiden sich die Kassen, auch bei den Leistungen gibt es Unterschiede. Nur etwa 95 Prozent der Kassenleistungen sind gleich und gesetzlich vorgeschrieben. Fest steht zum Beispiel, welche Medikamente die Krankenkassen übernehmen müssen, wann sie für eine Reha aufkommen und welche Leistungen sie für Zahnbehandlungen tragen. Darüber hinaus dürfen die Krankenkassen aber Zusatzleistungen anbieten. Je nach persönlicher Situation können sie für die Wahl der Krankenkasse entscheidend sein. Beispiel professionelle Zahnreinigung: Hier zahlen die Kassen unterschiedlich hohe Zuschüsse. Auch bei der Kostenübernahme für Reiseimpfungen, für Behandlungen beim Osteopathen oder für eine künstliche Befruchtung gibt es zum Teil eine deutliche Bandbreite.

Unterschiede gibt es auch beim Service der Kassen: Während die einen ein breites Filialnetz betreiben und vor Ort erreichbar sind, setzen andere eher auf Online- und telefonische Erreichbarkeit. Viele betreiben mittlerweile Onlinegeschäftsstellen, bei denen man zum Beispiel Krankschreibungen hochladen oder Mitgliedsbescheinigungen für Studierende herunterladen kann. Auch Angebote wie medizinische Beratung am Telefon, Hausbesuche oder die Vermittlung von Facharztterminen sind in unterschiedlichem Ausmaß vorhanden.

In Summe und je nach den persönlichen Wünschen kann das dazu führen, dass eine vermeintlich günstige Kasse vielleicht doch nicht die beste Wahl ist. Je nach Einkommen bringt ein um ein paar Zehntel-Prozentpunkte günstigerer Beitragssatz möglicherweise ein paar Euro Ersparnis im Monat. Vielleicht übernimmt aber eine etwas teurere Kasse genau die Extras, die Ihnen wichtig sind, sodass Sie die höheren Monatsbeiträge leicht ausgleichen.

Als Familie mit kleinen Kindern stellen Sie an Ihre Krankenkasse vermutlich andere Ansprüche als etwa ein Rentner. Einem sportlichen Single sind andere Leistungen wichtig als einem chronisch erkrankten Familienvater. Nutzen Sie die Checkliste im Formularteil: Im Formular E nennen wir Leistungen, die in verschiedenen Lebenssituationen eine besondere Relevanz haben können. Suchen Sie eine neue Kasse, erkundigen Sie sich dort, ob sie die jeweiligen Extras bietet.

**UNSER RAT**

## Gesetzliche Krankenversicherung

**Bedarf und Leistungen.** Die gesetzliche Krankenversicherung ist für alle Pflicht, die sich nicht privat krankenversichern dürfen. Der Versicherer zahlt für medizinisch notwendige Behandlungen und übernimmt zum Beispiel die Kosten für Arztbesuche, Krankenhausaufenthalte und vom Arzt verordnete Medikamente. Auch Reha- und Präventionsmaßnahmen werden übernommen. Je nach Kasse können Sie bestimmte Zusatzleistungen erhalten, zum Beispiel Zuschüsse zur professionellen Zahnreinigung, zum Yogakurs oder zu Reiseimpfungen.

**Die Besten im Test.** Anfang 2020 ist die AOK Sachsen-Anhalt mit einem Beitragssatz von 14,6 Prozent am günstigsten, Sie ist aber nur in einem Bundesland geöffnet. Die günstigste bundesweit geöffnete Kasse ist die hkk mit einem Zusatzbeitrag von 0,39 Prozent. Je nach Lebens- und Gesundheitssituation kann es aber sein, dass eine etwas teurere Kasse aufgrund ihrer Zusatzleistungen für Sie letztlich die günstigere Wahl ist.

**Bei Neuabschluss.** Schauen Sie nicht nur auf den Beitragssatz, sondern überlegen Sie, welche Leistungen Ihnen wichtig sind.

**Bei vorhandenem Vertrag.** Ärgern Sie sich, weil die Kasse nicht wie erhofft gezahlt hat, kann ein Wechsel interessant sein. Vergleichen Sie die Leistungen mit denen anderer Kassen. Sollte Ihre Kasse den Beitragssatz leicht erhöhen, überlegen Sie, ob sich nur deshalb ein Wechsel lohnt.

Wenn Sie bei Ihrer bisherigen Kasse bleiben wollen, schauen Sie sich den Leistungskatalog einmal genauer an. Vielleicht bietet Ihre Kasse Extras, von denen Sie bisher gar nichts wussten.

### Zeit für den Wechsel?

Über die Seite test.de/krankenkassen können Sie für 3,50 Euro die Beitragssätze und die Leistungen von 75 Krankenkassen in Deutschland vergleichen. Beachten Sie: Sie dürfen Ihre bisherige Krankenkasse wechseln, wenn Sie dort für mindestens 18 Monate versichert waren. Sollte die Krankenkasse den Beitragssatz erhöhen, haben Sie zudem ein Sonderkündigungsrecht. Die Kündigung ist zum Ablauf des übernächsten Monats möglich.

## Mit privaten Zusatzverträgen Schutz ausbauen

Die Leistungen der gesetzlichen Krankenversicherung reichen Ihnen nicht? Am liebsten hätten Sie die Leistungen, die sich Privatpatienten sichern können – zum Beispiel die Chefarztbehandlung im Krankenhaus, die Übernahme der Kosten für einen Heilpraktiker oder höhere Zuschüsse beim Zahnersatz? Wenn Sie sich aufgrund Ihres Einkommens nicht privat krankenversichern dürfen oder sich den Schutz der privaten Krankenvollversicherung nicht leisten können oder wollen, haben Sie als Kassenpatient die Möglichkeit, sich einzelne Leistungen von privaten Krankenversicherern „einzukaufen". Private Krankenzusatzversicherungen machen es möglich.

Mit einer privaten Zusatzversicherung können sich Kassenpatienten zum Beispiel die Chefarztbehandlung und den Aufenthalt im Ein- oder Zweibettzimmer im Krankenhaus ermöglichen, ohne die Ausgaben dafür aus eigener Tasche zahlen zu müssen. Weitere Versicherungen gibt es unter anderem für die Zähne. Je nach Tarif sichern Sie sich höhere Zuschüsse für Kronen, Brücken, Implantate. Neben den Leistungen für Zahnersatz enthalten manche Verträge auch Zuschüsse zu professioneller Zahnreinigung, Extraleistungen bei bestimmten Zahnbehandlungen oder auch für den Fall, dass Ihr Kind eine Spange benötigt.

Hinzu kommen Kombipakete, die neben Zuschüssen zum Zahnersatz beispielsweise Zuschüsse für eine neue Brille und Heilpraktikerbehandlungen oder eine Reisekrankenversicherung beinhalten.

## Was brauche ich wirklich?

Die meisten privaten Zusatzversicherungen sind sinnvoll, stehen aber nicht ganz oben auf der Bedarfsliste (siehe Formular B „Versicherungs-Check"). Schließen Sie nicht der Einfachheit halber ein ganzes Versicherungspaket ab, wenn Sie gar nicht alle Leistungen in Anspruch nehmen werden. Wählen Sie je nach Ihren persönlichen Wünschen lieber Einzelverträge, beispielsweise für besseren Zahnersatz.

Es gibt aber eine Zusatzleistung privater Krankenversicherer, auf die Sie als Kassenpatient keinesfalls verzichten sollten. Das ist der zusätzliche Krankenversicherungsschutz für Reisen ins Ausland. Ohne diese private Zusatzversicherung kann eine Erkrankung im Urlaub teuer werden. Worauf Sie beim Vertragsabschluss achten sollten, lesen Sie ab S. 67 unter „Mit dem richtigen Schutz verreisen".

## Private Krankenvollversicherung

Entscheiden sich gut verdienende Angestellte, Selbstständige und Beamte gegen die gesetzliche und für eine private Krankenversicherung, können sie sich ein breites Leistungsspektrum sichern. Die Versicherungsunternehmen bieten Tarife an, in denen Leistungen aus den Bereichen Ambulante Behandlung, Krankenhaus und Zahnarzt von vornherein gebündelt werden. Als

# KRANKHEIT UND PFLEGE: SCHUTZ IST PFLICHT

weiterer Baustein kommt dann noch das Krankentagegeld hinzu – also die Vereinbarung darüber, wie viel Geld der Versicherer bei einer längeren Erkrankung der versicherten Person zahlt, um damit einen Verdienstausfall auszugleichen.

Andere Versicherer bieten verschiedene Leistungsbausteine an, aus denen sich Kunden den eigenen Versicherungsschutz zusammenstellen. Das bedeutet, der Versicherte hat für die Behandlung beim Arzt, beim Zahnarzt und im Krankenhaus jeweils unterschiedliche Bausteine zur Auswahl und sucht sich die einzelnen Leistungen selbst zusammen. Legt jemand Wert auf hohe Zahn-Leistungen, dann wählt er beispielsweise einen Zahntarif mit 90 Prozent Erstattung für Zahnersatz und 100 Prozent für Zahnbehandlung. Dafür sind ihm vielleicht das bessere Zimmer und der Chefarzt im Krankenhaus nicht so wichtig, sodass er einen Stationärtarif wählt, der nur die allgemeinen Krankenhausleistungen bezahlt.

Der Versicherungsbeitrag ergibt sich, je nachdem, für welche Tarifbausteine und für welches Maß an Schutz Sie sich entscheiden. Je mehr Leistungen Sie wählen, desto teurer wird es. Außerdem richtet sich der Beitrag nach Ihrem Alter und Gesundheitszustand bei Vertragsschluss.

Der Versicherer wird Ihnen deshalb Fragen zu Ihrem Gesundheitszustand stellen. Je nach Vorerkrankungen kann es sein, dass Sie mehr für Ihre Versicherung zahlen müssen oder Leistungen für bestimmte Erkrankungen gleich vom Versicherungsschutz ausgeschlossen werden. Der Versicherer kann Sie auch ganz ablehnen. Bei dieser Gesundheitsprüfung sollten Sie sehr genau sein und mögliche Vorerkrankungen nennen. Verschweigen Sie diese und kommt das später heraus, kann es sein, dass der Versicherer sich weigert, Kosten zu erstatten, oder sogar vom Vertrag zurücktritt.

**UNSER RAT**

## Private Krankenvollversicherung

**Bedarf und Leistungen.** Die private Krankenversicherung brauchen alle, die sich nicht gesetzlich krankenversichern. Der Versicherer zahlt für die vertraglich vereinbarten Leistungen, etwa im Bereich Ambulante Versorgung, Krankenhaus, Zahnarzt und Krankentagegeld.

**Die Besten im Test.** Die Stiftung Warentest hat im Herbst 2019 zuletzt Tarife für private Krankenvollversicherungen untersucht. Die Bewertung bezieht sich auf 35-jährige gesunde Modellkunden. Für Beamte haben der Tarif BV20, BV30 der Concordia und die Tarifkombination AB 20E, AB 30, SB 2/20E, SB 2/30, ZB 20E, ZB 30 der LVM das Qualitätsurteil Sehr gut erhalten. Für Selbstständige gab es kein Angebot mit dem Urteil Sehr gut. Am besten abgeschnitten hat der nur für Freiberufler zugängliche Tarif Exklusiv 2, Pro 043v der Signal Iduna. Das einzige sehr gute Angebot für Angestellte im Test war die Tarifkombination VKA+u, KHPnu, KHUnu, KTG-A6 der Provinzial Hannover. Der Preis richtet sich unter anderem nach den vertraglich vereinbarten Leistungen sowie dem Alter und dem Gesundheitszustand des Versicherten bei Vertragsabschluss.

**Bei Neuabschluss.** Orientieren Sie sich an den Checklisten, die wir im Formularteil für eine private Krankenvollversicherung nennen. Verzichten Sie nicht auf Leistungen, nur um Beiträge zu sparen. Wollen Sie später Leistungen aufstocken, wartet erneut eine Gesundheitsprüfung.

**Bei vorhandenem Vertrag.** Sind Sie unzufrieden mit Ihrer privaten Krankenversicherung, ist ein Anbieterwechsel meist keine gute Lösung, weil damit für Sie Kosten verbunden sind. Versuchen Sie stattdessen, den Schutz bei Ihrem derzeitigen Versicherer umzubauen, etwa durch einen Tarifwechsel oder Austausch einzelner Tarifbausteine.

**AUSFÜLLHINWEIS**

**Formular F
S. 111  Checkliste Private Krankenversicherung**

Mit dem Abschluss einer privaten Krankenversicherung binden Sie sich im Normalfall fürs Leben – ein Wechsel zu einem anderen Versicherer kommt kaum infrage. Umso wichtiger ist es, dass Sie sich für die Auswahl des passenden Angebots Zeit nehmen.

**Für Angestellte und Selbstständige:** Nutzen Sie die Checkliste im Formularteil, ehe Sie sich für ein Angebot entscheiden. Haben Sie bereits einen Vertrag, gleichen Sie mithilfe der Liste ab, ob Ihr Schutz entscheidende Schwächen hat. Klären Sie mit dem Versicherer, ob und zu welchen Konditionen Sie sich mehr Leistungen sichern können.

**Für Beamte:** Wegen der Beihilferegelungen gelten für Beamte Besonderheiten. Wir haben für Sie eine umfangreiche Checkliste zusammengestellt, mit der Sie Ihren bestehenden Vertrag oder ein Angebot prüfen können. Sie finden sie online unter test.de/formulare-versicherungen.

## Mindestmaß an Schutz muss sein

Je nach finanziellem Spielraum überlegen Sie vielleicht, dass Sie möglichst wenige Leistungen vereinbaren, um nicht zu viel Beitrag zahlen zu müssen. Lassen Sie es nicht darauf ankommen: Ein Mindestmaß an Schutz sollten Sie sich bei Vertragsabschluss sichern.

Achten Sie zum Beispiel darauf, dass der Versicherer Arzt- und Zahnarzthonorare bis zum Höchstsatz der jeweiligen Gebührenordnungen erstattet, bei Klinikaufenthalten sogar darüber hinaus. Das ist wichtig, denn bei Privatpatienten rechnen die Ärzte ihre Leistungen anders als bei Kassenpatienten ab. Sie stellen ihre Rechnungen direkt dem Patienten und legen dabei die Gebührenordnung für Ärzte (GOÄ) beziehungsweise Zahnärzte (GOZ) zugrunde. Das sind Verzeichnisse, die jedem Arbeitsschritt eine Punktzahl zuordnen.

Mit dem Punktwert multipliziert ergibt diese Zahl den einfachen Gebührensatz. Diesen können die Ärzte jedoch je nach Schwierigkeit der Behandlung ohne Begründung bis zum 2,3-Fachen steigern, mit Begründung noch darüber hinaus. Deshalb sollten Sie unbedingt einen Tarif wählen, der Arzt- und Zahnarzthonorare bis zum Höchstsatz, dem 3,5-Fachen der jeweiligen Gebührenordnung, erstattet.

Egal ob Sie sich von Beginn an für einen sehr leistungsstarken oder weniger guten Tarif entscheiden: Sie müssen damit rechnen, dass die Beiträge für den Versicherungsschutz im Laufe der Jahre deutlich steigen. Anders als bei Kassenpatienten sinken sie auch nicht, wenn Sie im Rentenalter weitaus geringere Einkünfte haben. Legen Sie dafür am besten schon in jungen Jahren Geld zurück, sodass die private Krankenversicherung im Alter nicht zur teuren Kostenfalle wird.

## Auf Dauer gebunden

Wollen Sie Ihre Beitragsbelastung reduzieren, ist ein Wechsel zu einem anderen Versicherer meist keine Lösung. Mit dem Wechsel sind in aller Regel höhere Beiträge verbunden, da Sie mit Ihrem höheren Alter einsteigen und die vom bisherigen Versicherer gebildeten Alterungsrückstellungen nur teilweise zum neuen Anbieter übertragen können. Wer zwischenzeitlich erkrankt ist, würde bei einem neuen Versicherer möglicherweise gar keinen Vertrag mehr bekommen.

Eventuell haben Sie bei steigenden Beiträgen die Chance, in die gesetzliche Krankenversicherung zurückzukehren. Das klappt aber, wenn überhaupt, nur bis zu Ihrem 55. Geburtstag und auch nur dann, wenn Sie versicherungspflichtig werden, etwa wenn durch eine Reduzierung Ihrer Arbeitsstunden Ihr Gehalt niedriger ausfällt.

Weil das häufig keine Option ist, bleibt meistens nur die Chance, beim derzeitigen privaten Krankenversicherer etwas zu ändern. Vielleicht hat er einen günstigeren Tarif für Sie, der vergleichbare Leistungen bietet. Oder es besteht die Möglichkeit, bei einzelnen Leistungen abzuspecken und etwa auf das Einbettzimmer und die Chefarztbehandlung im Krankenhaus zu verzichten. Auch das kann eine Beitragsersparnis bringen.

Im letzten Schritt bliebe noch, in den „Standardtarif" zu wechseln, falls Sie Ihren privaten Versicherungsvertrag vor dem 1. Januar 2009 abgeschlossen haben. Aber nicht jedem Versicherten steht diese Option offen – es gelten zum Beispiel besondere Altersgrenzen. Entscheiden Sie sich für diesen „Sozialtarif" der privaten Versicherer, müssen Sie in der Regel Abstriche bei den Leistungen in Kauf nehmen, denn er beinhaltet in etwa die Leistungen, die auch die gesetzlichen Kassen bieten. Die Beiträge dürfen maximal so hoch sein wie der jeweils aktuelle Höchstbeitrag der gesetzlichen Krankenversicherung – derzeit rund 680 Euro im Monat. Tatsächlich zahlen aber weniger als 1 Prozent der Standardtarif-Kunden so viel, bei den allermeisten liegt der Beitrag deutlich darunter.

Haben Sie sich ab dem 1. Januar 2009 privat versichert, bleibt Ihnen der sogenannte Basistarif. Auch er umfasst ähnliche Leistungen wie die gesetzliche Krankenversicherung. Hier wird allerdings für fast alle ein Beitrag in Höhe des Höchstbeitrags der gesetzlichen Krankenversicherung fällig – das ist keine wirklich günstige Alternative. Nur wer hilfsbedürftig im Sinne der Sozialgesetze wird, bekommt Erleichterungen.

## Absicherung für den Pflegefall

Wie die Kranken- ist auch die Pflegeversicherung in Deutschland Pflicht. Jeder, der in einer gesetzlichen Krankenkasse versichert ist, hat automatisch Schutz über die gesetzliche Pflegeversicherung. Wer privat krankenversichert ist, zahlt Beiträge für die private Pflegepflichtversicherung.

Die Zahl der Pflegebedürftigen in Deutschland steigt immer weiter an. Nach Angaben des Bundesgesundheitsministeriums erhielten Ende 2018 knapp 3,7 Millionen Menschen Leistungen aus der sozialen Pflegeversicherung. Die Pflegeversicherung beteiligt sich an den Kosten für die Pflege, sobald der Versicherte in einen von fünf Pflegegraden eingestuft wurde. Ob und wie viel gezahlt wird, richtet sich danach, wie selbstständig jemand sein Leben führen kann und bei welchen Aufgaben er Unterstützung benötigt.

Pflegebedürftige müssen die Leistungen aus der Pflegeversicherung bei der Pflegekasse beantragen. Da diese bei der eigenen Krankenkasse angesiedelt ist, reicht es aus, wenn Sie den Antrag an Ihre Krankenkasse schicken, mit der Bitte, ihn an die Pflegekasse weiterzuleiten. Privatversicherte wenden sich direkt an ihren Versicherer.

Liegt ein Pflegegrad vor, kann ein Anspruch auf verschiedene Leistungen bestehen, zum Beispiel auf ein Pflegegeld, wenn die Angehörigen oder andere ehrenamtliche Unterstützer die Pflege übernehmen. Alternativ besteht die Möglichkeit, Pflegesachleistungen zu beantragen, wenn ein professioneller Pflegedienst ins Haus kommt. Der Dienstleister rechnet dann häufig direkt mit der Pflegekasse ab.

Die Höhe der Leistungen richtet sich danach, welchen Pflegegrad die Betroffenen zugesprochen bekommen. Hat der Pflegebedürftige zum Beispiel Grad 2 und wird er zu Hause von einem ambulanten Pflegedienst versorgt, hat er Anspruch auf 689 Euro Pflegesachleistungen im Monat, in Pflegegrad 5 sind es 1 995 Euro.

Beide Leistungen – Pflegegeld und Pflegesachleistungen – lassen sich auch miteinander kombinieren. Wenn etwa der Pflegedienst nur einmal pro Woche zu einer Patientin kommt und damit die Ausgaben für die Pflegesachleistungen nicht ausgeschöpft wurden, kann der pflegende Partner zusätzlich anteilig Pflegegeld bekommen.

Weitere Unterstützung gibt es in Form von Pflegehilfsmitteln, deren Kosten übernommen werden. Wer die Pflege eines Angehörigen übernimmt, hat Anspruch darauf, kostenlos einen Pflegekurs zu besuchen. Die Pflegekasse muss zudem unter bestimmten Voraussetzungen Rentenbeiträge für die pflegenden Angehörigen übernehmen, die wiederum Anspruch darauf haben, sich für einen gewissen Zeitraum von der Arbeit freistellen zu lassen.

### Gut informiert die Pflege organisieren

Welche Leistungen stehen uns zu, was beantragen wir wo? Wie organisieren wir das neue Leben mit einem Pflegebedürftigen? Um Fragen wie diese zu klären, empfiehlt sich ein Besuch in einer neutralen Beratungsstelle. Je nach Kommune finden Sie Ansprechpartner zum Beispiel in den Pflegestützpunkten vor Ort oder in anderen Beratungsstellen der Stadt. Informieren Sie sich am besten direkt bei Ihrer Kommune, wo eine kostenlose, neutrale Pflegeberatung möglich ist. Hilfe bei den ersten Schritten zum Umgang mit Pflegebedürftigkeit bietet das „Pflege-Set", das Sie unter test.de/shop bestellen oder im Buchhandel erwerben können.

## Pflegetagegeldversicherung: Die Lücke schließen

Leistungen aus der Pflegeversicherung gibt es nicht einfach so: Die Pflegekasse überprüft ganz genau, ob und wie viel Unterstützung sie gewährt. Gesetzlich Versicherte werden von einem Gutachter des Medizinischen Dienstes der Krankenkassen begutachtet. Für Privatversicherte ist es die Firma Medicproof, die einen Gutachter entsendet.

Wenn der Antrag auf Pflegeleistungen erst einmal gestellt ist, müsste es eigentlich schnell gehen: Über den Antrag muss innerhalb von 25 Arbeitstagen entschieden werden, sodass der Gutachterbesuch bald anstehen sollte.

Doch selbst wenn die Pflegeversicherung einen Pflegegrad zuweist und Leistungen bewilligt, ist damit zu rechnen, dass das Geld nicht reicht, um alle mit der Pflege verbundenen Ausgaben zu decken. Ob Unterbringung in einem Heim oder Versorgung in den eigenen Wänden: Viele Familien müssen sich überlegen, woher das Geld kommen soll, wenn zum Beispiel jeden Monat 1 000 oder 2 000 Euro zusätzlich benötigt werden, um alle Ausgaben rund um die Pflege zu decken.

Eine Möglichkeit ist, auf eigene Faust Geld für das Risiko Pflegefall anzusparen. Eine Alternative kann sein, sich mit einer privaten Pflegezusatzversicherung für den Ernstfall zu wappnen. Erste Wahl bei den privaten Zusatzversicherungen ist die Pflegetagegeldversicherung. Hier erhalten Sie vom privaten Versicherer je nach Pflegegrad eine vertraglich vereinbarte Summe. Der Vorteil dieser Versicherung: Das Geld steht zur freien Verfügung – Sie können es für pflegende Angehörige oder eine Haushaltshilfe, einen ambulanten Pflegedienst oder einen Heimplatz ausgeben.

Wichtig: Je später Sie sich für diesen Schutz entscheiden, desto mehr Beitrag müssen Sie zahlen. Haben Sie bereits Vorerkrankungen, erhöht sich der Beitrag. Oder die Erkrankungen sorgen dafür, dass Sie gar nicht erst einen Vertrag bekommen.

Schließen Sie die Versicherung aber nur ab, wenn Sie absehen können, dass Sie im Ruhestand ein sicheres Einkommen haben und die Beiträge auf Dauer zahlen können. Denn wenn Sie die regelmäßig steigenden Beiträge nicht mehr aufbringen können und kündigen müssen, verlieren Sie das eingezahlte Geld und Ihren Versicherungsschutz. Planen Sie zudem ein, dass die Beiträge oft auch dann bis zum Lebensende zu zahlen sind, wenn Sie pflegebedürftig werden.

### Der Blick ins Kleingedruckte
Die aktuellsten Testergebnisse finden Sie auf test.de, Suchbegriff „Pflegetagegeld". Bevor Sie sich für ein Angebot entscheiden, werfen Sie einen Blick in die Bedingungen. Wichtig ist zum Beispiel, dass der Versicherer bereits bei niedrigen Pflegegraden einspringt. Die Wahrscheinlichkeit, dass Ihnen Pflegegrad 1 bis 3 zugewiesen wird, ist deutlich größer als Pflegegrad 4 oder 5. Deshalb ist es sinnvoll, wenn der Tarif gerade auch bei den niedrigen Pflegegraden die nötige Unterstützung bietet.

Achten Sie auf weitere Details, etwa beim Thema Wartezeit: Laut Gesetz dürfen Versicherer regeln, dass Kunden bis zu drei Jahre nach Vertragsabschluss noch keinen Anspruch auf Leistungen haben. Fast alle Unternehmen verzichten auf die Wartezeit.

### Alternative zum Pflegetagegeld
Eine meist etwas günstigere Alternative zur Pflegetagegeldversicherung ist die Pflegekostenversicherung. Das Angebot: Der Versicherer beteiligt sich in der Regel an konkreten Kosten, die durch die Pflegebedürftigkeit entstehen.

Es gibt Tarife, bei denen die Versicherer die Leistungen der gesetzlichen Pflegeversicherung verdoppeln. Der Versicherer sollte das Geld auszahlen, ohne dass Sie Belege Ihrer Ausgaben einreichen müssen. Damit sind Sie deutlich flexibler als mit einem Tarif, bei dem Sie nicht frei über das vom Versicherer ausgezahlte Geld verfügen können, weil dieser nur nachgewiesene Pflegekosten erstattet.

# Verlust der Arbeitskraft absichern

Wie geht es weiter, falls Sie nicht mehr arbeiten können und das regelmäßige Einkommen wegfällt? Erste Wahl zum Schutz vor diesem Notfall ist eine private Berufsunfähigkeitsversicherung.

Eine heftige Erkältung im Winter wird Sie höchstens ein paar Tage im Job außer Gefecht setzen. Auch nach einer Blinddarm-OP samt kurzem Krankenhausaufenthalt können Sie im Normalfall in absehbarer Zeit wieder an den Schreibtisch zurückkehren – kein Problem für die berufliche Zukunft.

Doch was, wenn es jemanden so heftig erwischt, dass an eine berufliche Zukunft nicht mehr oder zumindest vorerst nicht zu denken ist? Sei es ein Bandscheibenvorfall, der den Gärtner an seiner körperlichen Arbeit hindert, oder eine psychische Erkrankung, die die Büro-Angestellte so stark beeinträchtigt, dass sie den täglichen Weg in die Firma nicht mehr schafft: Es gibt viele gesundheitliche Gründe, die Berufstätige daran hindern, eigenes Geld zu verdienen.

Für so einen Ernstfall gibt es zwar vonseiten der gesetzlichen Rentenversicherung einen gewissen Schutz, doch es ist unbedingt sinnvoll, dass Sie mit einer privaten Berufsunfähigkeitsversicherung zusätzlich vorsorgen. Der private Versicherer zahlt eine Rente, wenn eine Berufstätigkeit für einen längeren Zeitraum nicht mehr zu mindestens 50 Prozent möglich ist.

## Gesetzlicher Schutz hat Lücken

Finanziell kann so ein Ausfall zu einer enormen Belastung werden. Das gilt umso mehr, wenn nicht nur der Betroffene auf den Verdienst angewiesen ist, sondern beispielsweise Kinder zu versorgen sind. Sind Sie nicht mehr in der Lage, mit Ihrer Arbeitskraft Geld zu verdienen, kann es sein, dass Sie Geld aus der gesetzlichen Rentenversicherung bekommen, in Form der sogenannten Erwerbsminderungsrente. Doch diesen Rentenanspruch hat nicht jeder. Und wer ihn hat, wird vermutlich eine Rente bekommen, die nicht ausreicht, um davon den bisherigen Lebensstandard zu decken. Das zeigen die Statistikdaten der gesetzlichen Rentenversicherung. Demnach betrugen die Erwerbsminderungsrenten Ende 2018 nach Abzug der Beiträge zur gesetzlichen Kranken- und Pflegeversicherung im Schnitt rund 800 Euro im Monat.

Im Einzelnen gilt für den gesetzlichen Rentenanspruch: Wenn aus gesundheitlichen Gründen eine weitere Berufstätigkeit nicht mehr oder nur noch in geringem Maß möglich ist, können Sie unter bestimmten Voraussetzungen eine Rente wegen voller oder teilweiser Erwerbsminderung bekommen. Für ältere Versicherte ist außerdem eine Rente aus Anlass von Berufsunfähigkeit möglich. Auf welche Renten Sie unter welchen Voraussetzungen Anspruch haben, hängt auch davon ab, wann Sie geboren wurden. Das liegt an einer Gesetzesänderung, die 2001 in Kraft getreten ist.

→ **Geburt bis zum 1. Januar 1961.** Wenn Sie bis dahin geboren wurden und nicht mehr in der Lage sind, in Ihrem Hauptberuf oder in einem zumutbaren vergleichbaren Beruf zu arbeiten, haben Sie einen Anspruch auf eine gesetzliche Berufsunfähigkeitsrente. Es spielt keine Rolle, ob Sie zum Beispiel als Maurer noch Büroarbeiten übernehmen könnten. Es reicht, wenn die Fähigkeiten für den erlernten oder einen mehr als zehn Jahre ausgeübten Beruf eingeschränkt sind.

→ **Geburt nach dem 1. Januar 1961.** Für Sie sind die Regeln seit der Gesetzesreform 2001 strenger. Denn Sie haben keinen Anspruch auf eine gesetzliche Rente wegen Berufsunfähigkeit, sondern nur noch auf eine Rente wegen Erwerbsminderung. Das bedeutet zum Beispiel, dass ein Maurer, der nicht mehr stark körperlich arbeiten kann, vielleicht noch als Pförtner oder Büroangestellter arbeiten könnte. Erst wenn ihn auch solche Alternativen gesundheitlich überfordern, ist der Anspruch auf eine Erwerbsminderungsrente möglich.

Aber auch dafür gelten strenge Vorgaben: Eine Rente wegen voller Erwerbsminderung bekommen Sie erst, wenn Sie gesundheitlich nicht mehr in der Lage sind, mindestens drei Stunden pro Tag in irgendeiner Form erwerbstätig zu sein. Eine Rente wegen teilweiser Erwerbsminderung kann fließen, wenn Sie zwar mehr als drei, aber keine sechs Stunden arbeiten können.

Ihre Rente ist dann allerdings nur halb so hoch wie bei voller Erwerbsminderung, und wird allein kaum zum Leben reichen. Etwas besser stehen Sie bei der Rente eventuell da, wenn Sie keine Stelle im Umfang von drei bis sechs Stunden finden. Dann können Sie zumindest befristet doch die volle Rente erhalten.

## Nicht jeder erfüllt die Bedingungen

Eine weitere Vorgabe sorgt dafür, dass vor allem Berufseinsteiger oftmals Schwierigkeiten haben, eine gesetzliche Rente zu bekommen. Voraussetzung für den Rentenbezug ist, dass der Versicherte im Regelfall in den fünf Jahren vor Eintritt der Erwerbsminderung mindestens drei Jahre Pflichtbeiträge an die gesetzliche Rentenversicherung geleistet haben muss. Wer zum Beispiel nach dem Studium gerade erst in den Job einsteigt, kann das nicht erfüllen. Nur unter bestimmten Bedingungen gibt es die Möglichkeit einer vorzeitigen Wartezeiterfüllung, zum Beispiel nach einem Arbeitsunfall.

Auch für viele Selbstständige kann diese Vorgabe mit der Zeit zum Problem werden. In vielen Berufen müssen Selbstständige keine Pflichtbeiträge an die Rentenkasse zahlen, und wer keine Pflichtbeiträge überweist, verliert im Laufe der Jahre den Anspruch auf eine Erwerbsminderungsrente.

---

**Genau informieren**

Nutzen Sie das kostenlose Beratungsangebot der gesetzlichen Rentenversicherung und klären Sie dort zum Beispiel, ob Sie Anspruch auf eine Erwerbsminderungsrente haben und wie hoch diese ausfallen würde. Beratungstermine vereinbaren Sie kostenlos über die telefonische Hotline 0800 1000 4800.

## Das bieten private Versicherungen

Die Schwierigkeit, überhaupt eine gesetzliche Rente zu bekommen, und die im Schnitt niedrige Rentenhöhe sprechen dafür, sich idealerweise zusätzlich für den Verlust der Arbeitsfähigkeit privat abzusichern. Die beste Lösung, um für diesen Ernstfall gewappnet zu sein, ist eine private Berufsunfähigkeitsversicherung.

Entweder schließen Sie diese Versicherung als Einzelvertrag ab, oder Sie entscheiden sich dafür, den Berufsunfähigkeitsschutz mit einer anderen Versicherung zu kombinieren, etwa einer Risikolebensversi-

**UNSER RAT**

# Berufsunfähigkeitsversicherung

**Bedarf und Leistungen.** Die Berufsunfähigkeitsversicherung ist allen unbedingt zu empfehlen, die von ihrem Arbeitseinkommen leben. Der Versicherer zahlt eine vertraglich vereinbarte Rente aus, wenn Sie nicht mehr in der Lage sind, zu 50 Prozent Ihrer beruflichen Tätigkeit nachzugehen.

**Die Besten im Test.** Als Finanztest im Sommer 2019 zuletzt Angebote für Berufsunfähigkeitsversicherungen verglichen hat, schnitten 35 Tarife sehr gut ab. Spitzenreiter im Test waren Tarife von Hannoversche und Allianz. Sie boten die besten Bedingungen und sehr gute Anträge. Die Höhe der Beiträge richtet sich unter anderem nach dem Tarif, der vereinbarten Rentenhöhe, der Laufzeit und Ihrem Beruf. Für einen Controller, der eine Rente von 2 000 Euro absichern will und eine Laufzeit bis 67 Jahren vereinbart, ermittelten die Tester, dass für sehr guten Schutz ab etwa 800 Euro Jahresbeitrag zu zahlen sind.

**Bei Neuabschluss.** Die Tarifbedingungen der Berufsunfähigkeitsversicherung sind sehr komplex. Nehmen Sie sich die Zeit, mehrere Angebote mithilfe unserer Checkliste G im Formularteil zu überprüfen.

**Bei vorhandenem Vertrag.** Behalten Sie die Höhe Ihrer Rente im Blick und passen Sie sie an, sollten sich Ihre Lebensumstände ändern, etwa nach der Geburt eines Kindes. Falls Sie feststellen, dass Sie einen Vertrag mit schlechten Bedingungen haben, suchen Sie nach einem anderen Angebot. Beachten Sie aber: Sie sind mittlerweile älter als beim ersten Vertragsabschluss, haben nun vielleicht Vorerkrankungen, sodass die Absicherung teurer werden kann. Kündigen Sie den bestehenden Schutz erst, wenn Sie den neuen Vertrag in der Tasche haben, sodass keine Lücke entsteht.

cherung (siehe „Die Familie absichern", S. 52). Der Schutz gegen Berufsunfähigkeit gehört allerdings zu den teureren Versicherungen. Je nach vereinbarter Rente, Laufzeit des Vertrags, Beruf des Versicherten und ausgewähltem Tarif können Jahresbeiträge von mehreren Hundert Euro fällig werden.

Trotzdem ist diese Investition zu empfehlen. Je jünger und gesünder Sie bei Abschluss des Vertrags sind, desto besser. Dann steigen Ihre Chancen, einen finanziell attraktiven und leistungsstarken Schutz zu erhalten. Je älter Sie bei Vertragsabschluss sind, desto teurer wird die Versicherung. Auch wenn Sie Vorerkrankungen haben, kann das den Beitrag in die Höhe treiben. Von den Vorerkrankungen erfährt der Versicherer im Zuge der Gesundheitsprüfung.

Gesundheitsprüfung heißt: Um zu ermitteln, wie hoch sein Risiko ist, tatsächlich zahlen zu müssen, stellt der Versicherer vor Vertragsabschluss Fragen zu Ihrem Gesundheitszustand und zu bisherigen Erkrankungen. Meist betreffen die Fragen den Zeitraum der letzten fünf Jahre. Hatten Sie in dieser Zeit beispielsweise Allergien, Knie- oder Rückenbeschwerden, kann es passieren, dass der Versicherer damit verbundene Risiken vertraglich ganz vom Schutz ausschließt oder dass Sie deshalb einen höheren Beitrag zahlen müssen. Hatten Sie schon einmal eine Psychotherapie oder eine Krebserkrankung, wird das häufig sogar dazu führen, dass Sie gar keinen Vertrag abschließen können.

Ihr gesundheitlicher Zustand kann somit eventuell dem Vertragsabschluss im Weg stehen, genauso wie der Preis. Will sich beispielsweise ein 30-jähriger Controller für den Ernstfall eine Monatsrente von 2 000 Euro und eine Vertragslaufzeit bis zum Alter von 67 Jahren sichern, kann er mit Versicherungsbeiträgen ab etwa 800 Euro im Jahr sehr guten Schutz bekommen. Das hat Finanztest im Sommer 2019 ermittelt. Für Beschäftigte in anderen Berufen, bei denen das Risiko einer folgenschweren Erkrankung höher ist, sind die Beiträge teurer. Für einen 35-jährigen Industriemechaniker hat Finanztest ermittelt, dass er – selbst wenn er mit 1 500 Euro eine niedrigere Rente vereinbart – für einen sehr guten Vertrag Jahresbeiträge ab etwa 880 Euro aufbringen müsste, wenn der Vertrag bis 67 läuft.

Es kann gut sein, dass diese Ausgaben Ihre finanziellen Möglichkeiten sprengen, vor allem beim Berufseinstieg. Um Beiträge zu sparen, kann es eine Lösung sein, anfänglich eine niedrige Rente zu vereinbaren. Dann empfiehlt es sich allerdings, vor der Unterschrift darauf zu achten, welche Optionen das Angebot für eine Nachversicherung bietet. Unter welchen Voraussetzungen können Sie die Rentenhöhe steigern? In einigen Tarifen ist das ohne jeden Anlass möglich, in vielen Angeboten haben Sie zum Beispiel nach Hochzeit, Geburt oder Hauskauf die Chance, ohne eine erneute Gesundheitsprüfung eine höhere Rente zu vereinbaren. Allerdings heißt „höhere Rente" im Regelfall auch „höhere Beiträge".

### Die sinnvolle Rentenhöhe ermitteln

Bevor Sie einen Vertrag unterschreiben, prüfen Sie zunächst Ihren Anspruch auf eine Erwerbsminderungsrente aus der gesetzlichen Rentenversicherung. Nutzen Sie dafür die aktuellste Renteninformation, die einmal im Jahr verschickt wird. Klären Sie außerdem, ob Sie im Fall von Invalidität Ansprüche aus betrieblicher Vorsorge haben. So wissen Sie, ob aus diesen Ansprüchen eine Lücke zu Ihrem jetzigen Nettoeinkommen besteht. Wenn ja, sollten Sie diese mit der privaten Versicherung schließen.

**AUSFÜLLHINWEIS**

**Formular G
Checkliste Berufsunfähigkeitsversicherung**
S. 119

Wie ist ein Angebot für eine Berufsunfähigkeitsversicherung zu bewerten – leistungsstark oder nicht? Im Formularteil haben wir eine ausführliche Checkliste zusammengestellt, anhand derer Sie allein oder zusammen mit dem Versicherungsvermittler ein Angebot auf die Qualität überprüfen können. Je häufiger Sie in der Checkliste „ja" ankreuzen, desto besser ist das Angebot in Sachen Kulanz und Flexibilität. Bevor Sie den Vertrag unterschreiben, lassen Sie sich die Angaben aus der Checkliste vom Versicherer am besten schriftlich bestätigen.

Haben Sie bereits eine Versicherung, können Sie anhand der Checkliste den bestehenden Vertrag überprüfen. Nehmen Sie Ihre Vertragsbedingungen zur Hand und gleichen Sie die Formulierungen mit der Checkliste ab: Müssen Sie dort sehr häufig „nein" ankreuzen, kann es eine Alternative sein, nach einem neuen Angebot zu suchen. Aber Achtung: Das mittlerweile höhere Alter führt in der Regel zu höheren Beiträgen.

### Das Kleingedruckte im Blick

Gerade weil der Schutz vergleichsweise teuer ist, empfiehlt es sich umso mehr, dass Sie sich Zeit nehmen, um sich ein passendes Angebot zu sichern: Achten Sie auf die Vertragsbedingungen und wählen Sie nicht gleich die erste Offerte.

Schauen Sie auf vermeintliche Kleinigkeiten, zum Beispiel: Zahlt der Versicherer schon, wenn der Arzt eine Berufsunfähigkeit von voraussichtlich sechs Monaten prognostiziert? Oder steht in den Bedingungen, dass er bei einer „voraussichtlich dauernden" Berufsunfähigkeit zahlt? Das würde bedeuten, er zahlt erst, wenn die Berufsunfähigkeit drei Jahre dauert. Und was steht etwa in den Vertragsbedingungen zum Geltungsbereich: Gibt es zum Beispiel zeitliche Einschränkungen, wenn es um längere Auslandsaufenthalte geht? Schon kleine Unterschiede in den Klauseln können im Ernstfall die Chance auf eine Rente erschweren.

## Alternativen zur Berufsunfähigkeitsversicherung

Eine Berufsunfähigkeitsversicherung ist zu teuer oder Sie bekommen den Schutz aufgrund von Vorerkrankungen nicht? Trotzdem ist privater Versicherungsschutz sinnvoll, um sich vor den finanziellen Folgen des Verlusts der eigenen Arbeitskraft zu schützen. Es gibt einige Alternativen zur Berufsunfähigkeitspolice. Sie haben allerdings ihre Schwächen, die Sie sich vor Vertragsabschluss bewusst machen sollten.

## Erwerbsunfähigkeitsversicherung

Sie zahlt je nach Tarif eine monatliche Rente, wenn der Versicherte fast gar nicht mehr oder lediglich bis zu maximal drei Stunden am Tag in der Lage ist, einer Erwerbstätigkeit nachzugehen. Der Versicherte hat Invaliditätsschutz – ganz gleich, ob er etwa durch Unfall oder Krankheit seine Arbeitsfähigkeit verliert. Auch psychische Erkrankungen wie eine Depression und Nervenerkrankungen sind meist versichert.

Gerade für Personen in risikoreichen Berufen, beispielsweise Gerüstbauer, Dachdecker oder Kranken- und Altenpfleger, ist dieser Schutz meist günstiger als der einer Berufsunfähigkeitsversicherung.

Bei Vorerkrankungen haben Sie allerdings auch hier schlechte Karten, denn die Gesundheitsprüfung vor Vertragsschluss ist meist vergleichbar mit der Berufsunfähigkeitsversicherung. Vorerkrankungen können zur Ablehnung führen.

## Dread-Disease-Versicherung

Sie zahlt eine vertraglich vereinbarte Summe aus, wenn eine im Vertrag genannte schwere Erkrankung („dread disease") diagnostiziert wurde – oft aber erst nach einer Wartezeit von mehreren Monaten. Versichert sind zum Beispiel Herzinfarkt, Schlaganfall, Multiple Sklerose, Querschnittslähmung und Krebs. Außerdem zahlt die Versicherung bei Verlust von Fähigkeiten wie Sehen oder Hören, nach schweren Unfällen oder dem Verlust der Fähigkeit zur selbstständigen Lebensführung. Ob der Versicherte noch weiter arbeiten kann, ist hier nicht relevant.

Damit der Versicherer zahlt, muss allerdings exakt die versicherte Krankheit diagnostiziert worden sein. Erkrankt der Versicherte beispielsweise statt am versicherten Herzinfarkt an einer Herzmuskelschwäche, geht er leer aus. Zudem muss die Erkrankung meist dauerhaft und nicht heilbar sein.

## Grundfähigkeitsversicherung

Aus diesem Vertrag erhalten Versicherte eine monatliche Rente, wenn sie aufgrund von Krankheit, Verletzung oder Kräfteverfall für mindestens zwölf Monate eine oder mehrere Grundfähigkeiten wie Sprechen, Hören, Sehen, Treppensteigen, Autofahren oder den Gebrauch von Armen und Händen verlieren.

Der Versicherer zahlt meist auch ab einem bestimmten Pflegegrad oder bei Verlust geistiger Leistungsfähigkeit, zum Beispiel des Orientierungsvermögens, oder der Fähigkeit zur selbstständigen Lebensführung. Psychische Erkrankungen sind allerdings bei den meisten Versicherern vom Schutz ausgeschlossen.

Der Versicherer zahlt nur bei Verlust der im Vertrag definierten Fähigkeit. In der Regel verlangt er, dass der Versicherte diese Fähigkeit voraussichtlich für ein Jahr und vollständig eingebüßt hat. Ein weiterer Haken: Je nach Versicherer können die Formulierungen „Hände gebrauchen", „Verlust selbstständiger Lebensführung" oder „geistige Leistungsfähigkeit" etwas Unterschiedliches bedeuten. Wenn ein Versicherer ein Kriterium sehr verbraucherfreundlich formuliert, kann ein anderes deutlich schlechter formuliert sein. Erst im konkreten Leistungsfall zeigt sich, ob die Definition greift.

## Funktionsinvaliditätsversicherung

Sie zahlt bei dauerhaften Unfallschäden, Verlust von Grundfähigkeiten wie Sehen, Gehen, Sprechen, bei schweren Erkrankungen und oft auch bei Pflegebedürftigkeit eine Rente. Angebote gibt es von Unfall- und von Lebensversicherern.

Die Unfallversicherer zahlen zum Beispiel, wenn eine irreversible, erhebliche und dauerhafte Beeinträchtigung vorliegt. Als dauerhaft gilt eine Schädigung in der Regel, wenn sie voraussichtlich mindestens drei Jahre anhält.

Die Angebote der Lebensversicherer unterscheiden sich davon: Hier ist es möglich, bereits nach Ablauf einer Karenzzeit von vier Wochen Geld aus der Versicherung zu bekommen, wenn bestimmte Fähigkeiten aufgrund von Krankheit, Verletzung oder Kräfteverfall für mindestens zwölf Monate in einem definierten Ausmaß beeinträchtigt sind (beispielsweise Sprechen, Hören, Sehen, Treppensteigen, Gebrauch von Armen und Händen, Autofahren). Bei bestimmten Krankheiten ist zusätzlich eine Einmalzahlung meist in Höhe einer Jahresrente möglich. Die Angebote sind schwer vergleichbar. Als Finanztest sich vor einigen Jahren die Angebote für diese Versicherung angesehen hat, waren bei allen Versicherern die Anforderungen für eine Rente sehr hoch.

## Unfallversicherung

Sie zahlt für bleibende Schäden nach einem Unfall. Je nach Ausmaß der körperlichen Beeinträchtigung erhält der Versicherte einen prozentualen Anteil der vertraglich vereinbarten Versicherungssumme.

Eine umfassende Absicherung für den Fall des Verlusts der Arbeitsfähigkeit bietet sie nicht, denn sie zahlt – wie der Name schon sagt – für die Folgen von Unfällen und in aller Regel nicht, wenn eine Invalidität durch Krankheit hervorgerufen wird. Dennoch kann auch der Abschluss einer Unfallversicherung für den Alltag sinnvoll sein (siehe „Schutz gegen die Folgen eines Unfalls", S. 48).

# Schutz gegen die Folgen eines Unfalls

Plötzlich ist alles anders … Ein Unfall kann das bisherige Leben komplett umwerfen, wenn er dauerhafte Folgen hat. Zumindest finanziell lässt sich eine solche Situation absichern.

Das Risiko, pflegebedürftig zu werden, trifft überwiegend die Älteren. Doch auch jungen Menschen kann es passieren, dass sie plötzlich auf Unterstützung angewiesen sind – zum Beispiel, wenn ein Unfall dauerhafte körperliche Beeinträchtigungen verursacht. Ob im Straßenverkehr, im Haushalt oder in der sportlichen Freizeit: Es gibt viele Situationen, in denen eine kurze Unachtsamkeit – die eigene oder die eines anderen – das Leben auf den Kopf stellen kann, zum Beispiel, wenn danach das Knie nur noch eingeschränkt funktionsfähig ist oder sogar eine Querschnittlähmung vorliegt.

Vor den finanziellen Folgen eines Unfalls können Sie sich mit einer privaten Unfallversicherung schützen. Am besten wählen Sie eine, die rund um die Uhr Schutz bietet und nicht nur in speziellen Lebenssituationen, etwa auf Reisen. Mit dem Rundum-Angebot haben Sie Anspruch auf Leistungen aus dieser Versicherung, ganz egal, ob Ihnen beim Fahrradausflug mit der Familie in den Nachbarort, im Spanien-Urlaub oder auf dem Weg zur Arbeit etwas zustößt und ob Sie selbst den Unfall verschuldet haben oder jemand anders.

## Schutz der Berufsgenossenschaft mit Lücken

Es gibt zwar auch eine gesetzliche Unfallversicherung über die Berufsgenossenschaften, doch der Schutz einer privaten Unfallversicherung geht deutlich darüber hinaus. Die Berufsgenossenschaften zahlen nur, wenn Ihnen bei der Arbeit oder auf dem direkten Weg dorthin etwas zustößt – ein Umweg, etwa zum Bäcker oder Briefkasten, ist nicht versichert. Auch die Freizeit ist außen vor.

Ähnlich ist es bei Kindern: Auf dem Weg zu Schule oder Kindergarten und während der Zeit dort vor Ort sind sie über die gesetzliche Unfallversicherung geschützt, im heimischen Garten oder beim Spielplatzbesuch am Nachmittag hingegen nicht.

Um sich vor den finanziellen Folgen eines Unfalls auch in der Freizeit zu schützen, sind private Versicherungen durchaus sinnvoll. Der Preis für eine klassische Unfallversicherung für einen Erwachsenen ist verglichen mit anderen Versicherungsarten eher niedrig. Verträge mit guten Bedingungen gibt es immerhin ab einem Jahresbeitrag unter 100 Euro. Für sehr guten Schutz können aber Beiträge von mehr als 300 Euro im Jahr fällig werden.

Ganz oben auf der Bedarfsliste steht die Unfallversicherung jedoch nicht. Um sich etwa vor den finanziellen Folgen des Verlustes der Arbeitskraft zu schützen, ist die Berufsunfähigkeitsversicherung besser geeignet (siehe „Verlust der Arbeitskraft", S. 42).

## Von einem Moment auf den anderen

Der private Unfallversicherer zahlt eine vorab vereinbarte Summe aus, wenn es infolge eines plötzlich von außen auf den Körper wirkenden Ereignisses unfreiwillig zu einer dauerhaften körperlichen Beeinträchtigung kommt. Dauerhaft heißt in der Regel „für mindestens drei Jahre". Liegt so ein folgenschweres Ereignis vor, zahlt der Versicherer eine größere Summe aus, die zum Beispiel helfen kann, das Zuhause behindertengerecht umzubauen oder eine Haushaltshilfe zu bezahlen.

Achten Sie vor allem darauf, dass Sie die Versicherungssumme hoch genug wählen. Die Versicherer sollten bei Vollinvalidität mindestens 500 000 Euro und bei einer Invalidität von 50 Prozent mindestens 100 000 Euro auszahlen. Das bieten längst nicht alle Tarife: Wenn Sie etwa eine Zusatzversicherung über den Verkehrsclub oder über Ihre neue Kreditkarte mit abschließen, liegen die Versicherungssummen oft nur bei einigen Zehntausend Euro, wenn der Versicherte voll invalide wird. Diese Summen reichen im Ernstfall kaum aus.

## Gliedertaxe: Jeder Körperteil hat seinen Wert

Doch wie wird überhaupt der Grad der körperlichen Beeinträchtigung ermittelt? Dafür nutzen die Unfallversicherer die sogenannte Gliedertaxe: Demnach hat jedes Körperteil einen Wert. Wenn etwa das Bein nach einem Unfall bis unterhalb des Knies nicht mehr funktionsfähig ist, liegt ein Invaliditätsgrad von 50 vor. Im Fall der Querschnittlähmung ist es der Grad 100. Vom Grad der Invalidität hängt die Höhe der Summe ab, die im Versicherungsfall ausgezahlt wird. Kommen mehrere Beeinträchtigungen zusammen, werden die jeweiligen Werte addiert.

Der Gesamtverband der Deutschen Versicherungswirtschaft (GDV) hat in seinen Musterbedingungen (AUB) eine Gliedertaxe vorgestellt. Sie finden sie auf der Internetseite des Verbands unter gdv.de, Suchbegriff „Unfallversicherung". Demnach gelten bei Verlust der vollständigen Funktionsfähigkeit der folgenden Körperteile oder Sinnesorgane diese Invaliditätsgrade:

**UNSER RAT**

# Private Unfallversicherung

**Bedarf und Leistungen.** Der Abschluss einer Unfallversicherung ist sinnvoll, um sich vor Unfällen insbesondere in der Freizeit zu schützen. Hier springt die gesetzliche Unfallversicherung nicht ein. Der Versicherer zahlt eine vertraglich vereinbarte Summe aus, wenn Sie infolge eines Unfalls invalide werden, also auf Dauer körperlich beeinträchtigt sind.

**Die Besten im Test.** Finanztest hat im Herbst 2018 zuletzt Tarife für private Unfallversicherungen untersucht. Testsieger war der relativ teure Tarif P500 UnfallschutzPlus mit Topschutz der Allianz ab 354 Euro jährlich. DFV, HanseMerkur, Interrisk, SLP und WGV bieten ebenfalls sehr gute Tarife an, die oft deutlich günstiger sind als der Allianz-Tarif. Sehr preisgünstig ist der gute Tarif P500 Silber der Basler ab 69 Euro Jahresbeitrag.

**Bei Neuabschluss.** Wählen Sie eine ausreichend hohe Versicherungssumme. Vergleichen Sie die Leistungen – schon kleine Unterschiede, etwa bei der Gliedertaxe, können im Ernstfall eine Menge Geld wert sein.

**Bei vorhandenem Vertrag.** Ist der Schutz wirklich gut? Nutzen Sie unsere Checkliste im Formularteil, um das zu prüfen, und schauen Sie sich bei den aktuelleren, neueren Tarifen um. Es ist nicht unwahrscheinlich, dass Sie besseren Schutz bekommen können.

→ Arm: 70 Prozent
→ Arm bis oberhalb des Ellenbogengelenks: 65 Prozent
→ Arm unterhalb des Ellenbogengelenks: 60 Prozent
→ Hand: 55 Prozent
→ Daumen: 20 Prozent

**AUSFÜLLHINWEIS**

**Formular H
Checkliste Unfallversicherung**
S. 127

Private Unfallversicherungen unterscheiden sich zum Teil deutlich in der Qualität ihrer Bedingungen. Umso mehr lohnt sich ein genauer Blick ins Kleingedruckte: Welche Gliedertaxe setzt der Versicherer an? Wie bewertet er Vorerkrankungen, und wie geht er damit um, wenn Sie etwa infolge eines Schlaganfalls oder epileptischen Anfalls stürzen? Die Checkliste im Formularteil hilft, Ihre bisherige Unfallversicherung oder ein Angebot für einen neuen Vertrag zu prüfen.

→ Zeigefinger: 10 Prozent
→ anderer Finger: 5 Prozent
→ Bein über der Mitte des Oberschenkels: 70 Prozent
→ Bein bis zur Mitte des Oberschenkels: 60 Prozent
→ Bein bis unterhalb des Knies: 50 Prozent
→ Bein bis zur Mitte des Unterschenkels: 45 Prozent
→ Fuß: 40 Prozent
→ große Zehe: 5 Prozent
→ andere Zehe: 2 Prozent
→ Auge: 50 Prozent
→ Gehör auf einem Ohr: 30 Prozent
→ Geruchssinn: 10 Prozent
→ Geschmackssinn: 5 Prozent

Achten Sie darauf, dass Ihre Unfallversicherung zumindest diese Werte ansetzt. Es gibt aber auch bessere Versicherer, die den Verlust der Funktionsfähigkeit der einzelnen Körperteile höher als in den Musterbedingungen bewerten. Das hat den Vorteil, dass Sie im Ernstfall mehr Geld bekommen.

Besonders hoch ist die Auszahlung nach einem Unfall, wenn Sie sich für ein Angebot mit Progression entscheiden. Enthält Ihr Vertrag beispielsweise eine Progression von 500 Prozent, würden Sie etwa bei einer Querschnittlähmung das Fünffache der vereinbarten Versicherungssumme erhalten.

Beachten Sie aber auch: Wenn der Unfallschaden Körperteile betrifft, die bereits vorgeschädigt sind, nehmen die Versicherer Abzüge von der festgestellten Invalidität vor.

### Lücken im Schutz

Der Haken bei der Unfallversicherung: Sie zahlt im Gegensatz zur Berufsunfähigkeitsversicherung nur nach einem Unfall und in der Regel nicht für die Folgen, die etwa psychische Erkrankungen oder Allergien haben. Und selbst wenn dem ersten Anschein nach alles für einen Unfall spricht, der versichert sein müsste, kann es letztlich passieren, dass der Versicherer nicht zahlen muss. Wenn etwa ein Radfahrer infolge eines epileptischen Anfalls stürzt, würde der Versicherer sich weigern einzuspringen, da eine Bewusstseinsstörung zu dem Unfall geführt hat. Auch wenn solche Störungen durch Kreislaufprobleme hervorgerufen werden, muss er häufig nicht zahlen. Unfälle, die auf Alkohol- oder Medikamentenmissbrauch zurückzuführen sind, werden in der Regel ebenfalls vom Schutz ausgeschlossen.

Bei den Ausschlüssen unterscheiden sich die Tarife. Einige Versicherer zahlen etwa für Unfallfolgen nach einem Schlaganfall oder auch bei begrenztem Alkoholkonsum, andere tun dies nicht.

### Besondere Angebote für besondere Zielgruppen

Neben der klassischen Unfallversicherung, die im Ernstfall die größere Summe auszahlt, gibt es weitere Angebote. Sinnvoll kann beispielsweise eine Unfallversicherung für Kinder sein, sodass die Kleinen nicht nur in Kindergarten oder Schule geschützt sind, sondern auch in ihrer Freizeit. Auf den Invaliditätsschutz für Kinder gehen wir ausführlicher im Kapitel „Die Familie absichern" ab S. 52 ein.

Eine weitere besondere Zielgruppe sind Senioren. Für sie bieten die Versicherer spezielle Unfallversicherungen an. Entscheidend ist hier nicht in erster Linie die Auszahlung einer größeren Summe nach einem Unfall, sondern wichtiger sind sogenannte Assistance-Leistungen – Hilfsangebote, die kurzfristig Entlastung bieten können.

**Beispiel:** Regina ist Rentnerin und wohnt allein. Im Winter ist sie auf vereister Straße gestürzt und hat sich einen komplizierten Beinbruch zugezogen, der operiert werden muss. Solange sie im Krankenhaus bleibt, ist sie versorgt. Doch sie weiß nicht, wie es danach weitergeht. Sie hat zwar eine Tochter, aber die ist berufstätig und wohnt 200 Kilometer entfernt. Ihre Nachbarin will sie zwar ein wenig unterstützen, aber alle Aufgaben kann auch sie nicht mehr übernehmen.

In einer solchen Situation übernehmen die Krankenkassen nach der Rückkehr aus dem Krankenhaus unter bestimmten Voraussetzungen zumindest vorübergehend die Ausgaben für eine häusliche Krankenpflege und eventuell für eine Haushaltshilfe. Doch was, wenn es doch länger dauert, bis Regina wieder richtig auf die Beine kommt, zum Beispiel drei oder vier Monate? So lange zahlt die Krankenkasse nicht für die Unterstützung zu Hause. Auch die Pflegeversicherung springt nicht ein – sie übernimmt erst, wenn jemand für mindestens sechs Monate auf Hilfe angewiesen ist.

Gerade für so eine Lücke, wenn die Genesung länger als ein paar Tage dauert, kann eine Unfallversicherung mit Assistance-Leistungen eine sinnvolle Lösung sein. So besteht die Chance, trotz der Erkrankung zu Hause bleiben zu können. Als Versicherter erhalten Sie im Notfall Unterstützung bei zahlreichen Aufgaben des alltäglichen Lebens. Das kann eine Reinigungskraft für den Haushalt sein, der Menü-Bringdienst oder ein Fahrdienst zum Arztbesuch. Mit einem Jahresbeitrag von weniger als 100 Euro können Sie sich den Anspruch auf diese Hilfe sichern.

Um ihre Kunden zu unterstützen, arbeiten die privaten Unfallversicherer in der Regel mit sogenannten Assisteuren wie dem Malteser-Hilfsdienst oder der Johanniter-Unfall-Hilfe zusammen. Diese organisieren dann zum Beispiel Dienstleister wie Putzdienst oder Gartenhilfe. Im Normalfall sollte der private Versicherer die Kosten für diese Dienste tragen. In schlechteren Tarifen kann jedoch stehen, dass er die Dienste lediglich vermittelt oder die Leistungen nicht für mindestens sechs Monate übernimmt.

**Testergebnisse im Blick**
Eine ausführliche Untersuchung zu diesen besonderen Angeboten für Senioren finden Sie im Internet unter test.de, Suchbegriff „Senioren-Unfallversicherungen". Schauen Sie vor Vertragsabschluss auf die genauen Bedingungen: Wann zahlt der Versicherer, für wie viele Einsätze von Dienstleistern, und wie lange dürfen sie dauern? Zahlt er nur infolge von Unfällen oder auch infolge schwerer Erkrankungen? Nehmen Sie sich die Zeit, um sich einen Überblick zu verschaffen, damit Sie im Ernstfall tatsächlich die erhoffte Unterstützung erhalten.

# Die Familie absichern

Wie stehen der Partner und die Kinder finanziell da, falls Ihnen etwas zustößt? Sobald Angehörige zu versorgen sind, ändert sich der Versicherungsbedarf.

Spätestens wenn das erste Kind auf der Welt ist, wird es Zeit, dass Sie sich um Ihre Versicherungen kümmern. Sie müssen nicht den gesamten bisherigen Schutz auf den Kopf stellen, aber an ein paar Stellen sollten Sie aktiv werden oder zumindest nachbessern. Eine Übersicht zu den wichtigsten Versicherungen für junge Familien finden Sie unter anderem in der Checkliste C im Formularteil. Häufig empfiehlt es sich aber, schon etwas früher anzusetzen – zum Beispiel, wenn Sie fest mit Ihrem Partner oder Ihrer Partnerin zusammen sind und sich gegenseitig absichern wollen.

## Bestehende Verträge aktualisieren

Sobald Sie nicht nur für sich, sondern auch für andere verantwortlich sind, geht es darum, laufende Verträge an die neue Situation anzupassen und neue Verträge zu schließen.

Prüfen Sie zum Beispiel, wie hoch die vereinbarte Rente bei Ihrer Berufsunfähigkeitsversicherung ist (siehe „Verlust der Arbeitskraft absichern", S. 42). Reicht die aktuelle Summe im Ernstfall aus, wenn nicht nur Sie selbst, sondern auch Partner und Kinder von Ihrem Erwerbseinkommen leben? Prüfen Sie, unter welchen Bedingungen Sie die vereinbarte Rente erhöhen können. Mithilfe der Nachversicherungsgarantie ist es je nach Vertrag möglich, etwa nach einer Hochzeit oder der Geburt eines Kindes die Rente ohne erneute Gesundheitsprüfung zu erhöhen. In manchen Tarifen klappt das auch ohne konkreten Anlass.

Nehmen Sie sich zudem die Privathaftpflichtversicherung vor. Sinnvoll ist, dass der Versicherer für Schäden durch deliktunfähige Kinder aufkommt. Das ist nicht automatisch der Fall. Denn Kinder unter sieben Jahren sind nicht deliktfähig (im Straßenverkehr unter zehn Jahren). Das bedeutet, der Nachwuchs haftet bis zu dem Alter nicht, wenn er jemand anderem einen Schaden zufügt. Dementsprechend muss auch die Privathaftpflichtversicherung nicht einspringen, wenn etwa die vierjährige Tochter während des Besuchs bei den Nachbarn aus Versehen das Tablet der Mutter vom Tisch wischt. Als Eltern haften Sie nur dann, wenn Sie Ihre Aufsichtspflicht verletzt haben. Ist Ihnen hier kein Vorwurf zu machen, ist die Haftpflichtversicherung wiederum außen vor – die geschädigte Nachbarin bleibt auf den Kosten für ein neues Tablet sitzen.

Genau so eine Situation kann für Sie als Eltern unangenehm sein. Um ein angespanntes Verhältnis zu Freunden oder Nachbarn zu vermeiden, überlegen Sie vielleicht, die Reparatur am Auto aus eigener Tasche zu zahlen. So weit muss es aber nicht kommen, wenn Ihre Haftpflichtversicherung den Extraschutz für deliktunfähige Kinder umfasst. Je nach Tarif springt der Versicherer dann zumindest bis zu einer bestimmten Schadenshöhe ein.

### Versicherer informieren

Wenn Sie Kinder bekommen haben, ist der Nachwuchs automatisch über Ihre Haftpflichtversicherung geschützt. Sicherheitshalber sollten Sie Ihren Versicherer trotzdem darüber informieren, dass ein neues Familienmitglied hinzugekommen ist.

## Neue Verträge abschließen

Sobald Sie für andere sorgen, brauchen Sie weiteren Versicherungsschutz. Unbedingt zu empfehlen ist eine Risikolebensversicherung. Sie zahlt Angehörigen eine größere Summe aus, falls die versicherte Person stirbt. Die Versicherungssumme sollte etwa das Drei- bis Fünffache Ihres Jahreseinkommens ausmachen.

Der erste Gedanke mag nun sein: Diesen Schutz braucht nur der Hauptverdiener der Familie. Doch das ist zu kurz gedacht. Wenn beispielsweise die Mutter nach der Geburt des Kindes erst einmal in Elternzeit geht und der Vater als Hauptverdiener weiter berufstätig ist, sollte auch die Frau ausreichend versichert sein. Denn sollte ihr etwas zustoßen, wird der Partner einige finanzielle Mittel benötigen: Entweder braucht er Geld, um eine Kinderbetreuung zahlen zu können, oder er will die Kinderbetreuung selbst übernehmen, steckt daraufhin beruflich zurück und erzielt weniger Einkommen.

Auch wenn Sie sich ungern mit diesen Themen beschäftigen möchten: Nutzen Sie die Möglichkeit, Ihren Partner oder auch Ihre Kinder für den Ernstfall abzusichern. Im Vergleich zu anderen Versicherungen ist die Risikolebensversicherung eher günstig. Die Stiftung Warentest hat Ende 2019 ermittelt, dass beispielsweise eine 35-jährige kaufmännische Angestellte einen Vertrag mit 250 000 Euro Versicherungssumme und 30 Jahren Laufzeit gegen einen Jahresbeitrag ab etwa 250 Euro erhalten kann.

Für Raucher oder Personen mit gefährlichen Hobbys kann der Schutz allerdings deutlich teurer werden. Je nach Anbieter kann es sein, dass Sie etwa als Kitesurfer oder Rennradfahrer draufzahlen müssen.

Eine Risikolebensversicherung wird umso wichtiger, wenn noch ein Kredit abzuzahlen ist. Für solche Fälle, etwa wenn Sie noch dabei sind, Ihr Immobiliendarlehen zu tilgen, kann eine Restschuldversicherung eine Lösung sein. Bei dieser besonderen Form der Risikolebensversicherung sinkt die Versicherungssumme – quasi parallel zur Kreditschuld – im Laufe der Jahre.

## Achtung, Erbschaftsteuer

Kommt es zum Versicherungsfall, und die Hinterbliebenen erhalten das Geld aus der Versicherung, kann Erbschaftsteuer fällig werden. Das hängt unter anderem davon ab,

---

**UNSER RAT**

## Risikolebensversicherung

**Bedarf und Leistungen.** Die Risikolebensversicherung benötigt jeder, der andere finanziell zu versorgen hat, also etwa Kinder oder einen Partner. Der Versicherer zahlt eine vorab vereinbarte Summe aus, sollte die versicherte Person oder eine der versicherten Personen sterben.

**Die Besten im Test.** Als Finanztest Ende 2019 Risikolebensversicherungen getestet hat, waren für den Modellfall Europa, Huk24 und Cosmos-Direkt günstig für Nichtraucher. Bei Angeboten für Raucher waren es Europa, Interrisk und Hannoversche.

**Bei Neuabschluss.** Vereinbaren Sie eine ausreichend hohe Versicherungssumme und machen Sie bei Vertragsabschluss korrekte Angaben zu Vorerkrankungen und Hobbys. Wenn Sie fürchten, aus gesundheitlichen Gründen abgelehnt zu werden, können Sie anonym eine Risikovoranfrage stellen, zum Beispiel per Telefonanruf.

**Bei vorhandenem Vertrag.** Es kann sich lohnen, in einen preisgünstigeren Vertrag zu wechseln. Dafür kann aber eine neue Gesundheitsprüfung notwendig werden.

wer Versicherungsnehmer des Vertrags war und in welchem Verhältnis Verstorbener und Begünstigter zueinander gestanden haben.

Verheiratete Partner müssen sich häufig keine Gedanken zur Erbschaftsteuer machen. Denn Ehepartner und eingetragene Lebenspartner haben den Vorteil, dass für sie bei Erbschaften und Schenkungen ein Steuerfreibetrag von 500 000 Euro gilt. Bleibt das gesamte Erbe – einschließlich der ausgezahlten Versicherungssumme – unter dieser Grenze, geht das Finanzamt leer aus. Auch Kinder des Verstorbenen haben oft die Möglichkeit, die Versicherungssumme und andere Werte steuerfrei zu übernehmen, denn für sie gilt ein Freibetrag von 400 000 Euro.

Deutlich wahrscheinlicher ist die Steuerpflicht, wenn der im Versicherungsschein genannte Begünstigte nicht mit dem Verstorbenen verwandt oder verheiratet war. Dann bleiben nur 20 000 Euro steuerfrei. Dieser Wert ist schnell übersprungen.

**Beispiel:** Christina würde beim Tod ihres Freundes Tom 100 000 Euro aus der Lebensversicherung bekommen, die ihr Partner zu ihren Gunsten abgeschlossen hat. Er ist der Versicherungsnehmer. Nach Abzug des Freibetrags von 20 000 Euro müsste Christina nun für die verbleibenden 80 000 Euro 30 Prozent Erbschaftsteuer zahlen. Damit gingen 24 000 Euro ans Finanzamt.

Für die Hinterbliebenen ist eine solche Steuer eine enorme finanzielle Belastung. Diese Last lässt sich umgehen, wenn die Partner von vornherein quasi überkreuz einen Vertrag abschließen. Mit anderen Worten heißt das, nicht die versicherte Person – im obigen Beispiel Tom – sollte Versicherungsnehmer sein, sondern die begünstigte Person, also Christina. Sollte Tom sterben, bekäme Christina als Begünstigte das Geld aus ihrem eigenen Vertrag ausgezahlt. Damit liegt kein Erbfall vor und auch keine Steuerpflicht.

### Mit dem Partner gemeinsam
Um Beiträge zu sparen, kann die „verbundene Leben" eine Option sein. Bei dieser Art des Vertrags sichern sich zum Beispiel Ehe- oder Lebenspartner gegenseitig ab. Stirbt einer von beiden, erhält der andere die Versicherungssumme. Das ist oft günstiger, als zwei einzelne Verträge abzuschließen. Allerdings zahlt der Versicherer nur einmal die vereinbarte Summe aus: beim Tod des zuerst verstorbenen Partners.

### Eigene Verträge für die Kinder
Bei vielen Verträgen sind Kinder automatisch über die Eltern mitversichert, etwa in der Haftpflichtpolice – hier sogar bis zum Ende der ersten Ausbildung. Dann ist also kein Extra-Vertrag notwendig.

Aktiv werden müssen Sie dagegen zum Beispiel beim Thema Krankenversicherung. Sohn oder Tochter müssen kurz nach der Geburt entweder in einer gesetzlichen Krankenkasse oder bei einem privaten Anbieter versichert werden.

Wenn die Eltern gesetzlich krankenversichert sind, haben sie den Vorteil, dass sie ihren Nachwuchs beitragsfrei mitversichern können. Die beitragsfreie „Familienversicherung" kommt infrage,
→ wenn beide Elternteile gesetzlich krankenversichert sind, oder
→ wenn die Eltern nicht verheiratet sind und mindestens ein Elternteil gesetzlich versichert ist, oder
→ wenn die Eltern verheiratet sind, mindestens ein Partner gesetzlich versichert ist und der privat versicherte Partner weniger verdient oder einen Verdienst unter der Versicherungspflichtgrenze erzielt.

In allen Fällen aber nur, solange das Kind kein eigenes Einkommen hat, das über 455 Euro monatlich liegt (Stand 2020).

Erfüllen Sie als Eltern keine dieser Voraussetzungen – zum Beispiel, weil der privat versicherte Partner ein Einkommen über der Versicherungspflichtgrenze erzielt –, bleibt Ihnen nur, das Kind entweder freiwillig bei einer gesetzlichen Krankenkasse zu versichern oder es bei einem privaten Versicherer anzumelden. In beiden Fällen müssen Sie mit Monatsbeiträgen ab etwa 150 Euro rechnen, wenn Sie nicht verbeamtet sind und Anspruch auf Beihilfeleistungen haben.

Darüber hinaus gibt es verschiedene Versicherungsangebote, die für den Nachwuchs zwar sinnvoll sind, aber nicht ganz oben auf der Liste der wichtigsten Versicherungen stehen. So können Sie etwa auch für Ihr Kind private Krankenzusatzversicherungen abschließen, um ihm beispielsweise für den Krankenhausaufenthalt mehr Leistungen zu sichern. Wenn Sie selbst so einen Vertrag haben, erkundigen Sie sich bei Ihrem Versicherer, was es kostet, den Nachwuchs mitzuversichern.

Sinnvoll ist zudem, Ihr Kind gegen das Risiko einer Invalidität zu schützen. Es gibt zwar die gesetzliche Unfallversicherung, doch sie bringt Kindern keinen Schutz, wenn sie beispielsweise nachmittags auf dem Trampolin im Garten stürzen oder sich in den Ferien beim Toben im Wald ernsthaft verletzen. Wenn sie hingegen auf dem Weg in die Kita oder zur Schule oder direkt dort vor Ort einen Unfall haben, können sie Leistungen aus der gesetzlichen Unfallversicherung bekommen.

Die Alltagslücken im gesetzlichen Schutz können Sie zum Beispiel mithilfe einer privaten Kinderinvaliditätsversicherung schließen. Mit dieser Police sichern Sie sich eine finanzielle Leistung für den Fall, dass Ihr Kind schwerbehindert wird. Das kann eine einmalige Zahlung oder auch eine Rente sein. Diese finanzielle Unterstützung kann sehr wertvoll werden, etwa wenn Ihr Kind plötzlich rund um die Uhr auf Hilfe angewiesen ist. Bei dieser Versicherung spielt es keine Rolle, ob eine Krankheit oder ein Unfall die Ursache für die Invalidität war. Der umfangreiche Schutz hat allerdings seinen Preis, Sie sollten mit einigen Hundert Euro Jahresbeitrag rechnen.

Deutlich günstiger wird es für Sie, wenn Sie sich für eine Kinderunfallversicherung entscheiden. Der Haken: Versichert sind – wie es der Name schon sagt – Unfallfolgen. Wenn Ihnen das reicht oder wenn die Kinderinvaliditätsversicherung zu teuer ist, kann der Abschluss der Unfallversicherung infrage kommen.

> **AUSFÜLLHINWEIS**
>
>
> **Formular E
> Extras der Krankenkassen**
>
> Viele Leistungen der gesetzlichen Krankenkassen sind gleich, an einigen Stellen unterscheiden sich die Kassen allerdings. Im Formularteil finden Sie Beispiele für Extraleistungen der Kassen, die für Sie als Familie sinnvoll sein können. Nehmen Sie die Checkliste zur Hand, wenn Sie sich das Leistungspaket Ihrer eigenen Krankenkasse ansehen oder sich bei anderen Kassen umschauen. Unter test.de/krankenkassen haben Sie gegen eine geringe Gebühr die Möglichkeit, das Leistungsspektrum und die Beitragssätze von rund 70 Kassen zu vergleichen.

### Keine Beitragsrückgewähr

Wollen Sie eine Kinderunfallversicherung abschließen, vermeiden Sie einen Vertrag mit Beitragsrückgewähr. So ein Vertrag mag attraktiv erscheinen, denn der Versicherer erstattet einen Teil der eingezahlten Beiträge, wenn der Kunde keine Leistungen in Anspruch nimmt. Allerdings treibt dieses Extra den Preis für den Unfallschutz in die Höhe.

# Das Zuhause schützen

Ein Einbruch, eine geplatzte Wasserleitung, womöglich ein Feuer: Vor den finanziellen Folgen durch Schäden zu Hause können und sollten Sie sich schützen.

Wissen Sie, welchen Wert Ihre Wohnungseinrichtung heute hat? Nicht nur die Möbel und die technischen Geräte, sondern auch der ganze Rest – von Büchern über Geschirr bis hin zu Kleidung und Kinderspielzeug?

Wenn Sie gerade erst von zu Hause ausgezogen sind und ein WG-Zimmer bewohnen, dürfte die Schätzung oder die genaue Berechnung der Werte vergleichsweise einfach sein. Aber wenn Sie mitten im Berufsleben stehen, vielleicht eine Familie gegründet und im Laufe der Jahre den einen oder anderen kleinen „Schatz" angesammelt haben, wird es einige Zeit dauern, einen Überblick zu bekommen.

Natürlich werden Sie im Alltag wenige Anlässe haben, zu denen Sie den genauen Wert Ihrer Einrichtung kennen sollten. Aber wenn es um das Thema Versicherungsschutz geht, ist es sinnvoll, sich ab und zu Klarheit darüber zu verschaffen, was Sie haben und wo Sie derzeit stehen. Diese Informationen sind wichtig, wenn Sie Ihre Wohnungseinrichtung neu absichern wollen, aber auch, wenn Sie schon Versicherungsschutz haben. Die entscheidende Frage ist dann: Passt die bisherige Versicherungssumme noch zu Ihrer Einrichtung?

Spätestens wenn Ihnen zu Hause ein Schaden widerfährt – zum Beispiel, wenn ein Feuer ausbricht oder der Schlauch Ihrer Waschmaschine platzt und so Teile der Einrichtung beschädigt werden –, kommen Sie nicht umhin, sich mit den Werten in Ihrem Zuhause auseinanderzusetzen.

## Schutz für Möbel und mehr

Mit einer Hausratversicherung können Sie die Einrichtung in Ihrem Zuhause schützen – egal, ob Sie in einer gemieteten Wohnung leben oder selbst Immobilienbesitzer sind. Der Abschluss einer solchen Versicherung ist für die meisten Haushalte zu empfehlen. Faustregel, ob diese Versicherung für Sie sinnvoll ist oder nicht: Stellen Sie sich vor, Ihr Hausrat würde beispielsweise durch ein Feuer komplett zerstört. Wenn Sie nach einem solchen Totalschaden damit überfordert wären, Ihre gesamte Einrichtung neu zu kaufen, sollten Sie eine Hausratversicherung abschließen.

Mit dieser Versicherung haben Sie Schutz, wenn Feuer oder Leitungswasser die Wohnungseinrichtung beschädigen oder zerstören. Nach einem Einbruchdiebstahl ersetzt der Versicherer den Neuwert der gestohlenen Sachen. Außerdem sind die Schäden durch einen Raub, nach Sturm, Hagel oder Blitzschlag, aber auch nach einer Explosion oder Implosion versichert.

**AUSFÜLLHINWEIS**

**Formular 12
Bewertungsliste Hausrat**
S. 97

### Online selber rechnen

Unter test.de/formulare-versicherungen stellen wir Ihnen eine Liste zur Verfügung, mit deren Hilfe Sie den Wert Ihres Hausrats leicht ermitteln können. Sie führt Sie durch die Zimmer Ihrer Wohnung und ist selbstrechnend. Achtung: Tragen Sie die Neuwerte ein.

Was viele unterschätzen: Der Hausratversicherer ersetzt – anders als etwa die Privathaftpflichtversicherung – nicht den aktuellen Wert des beschädigten oder zerstörten Inventars, sondern den Neuwert. Reicht eine Reparatur aus, kommt die Versicherung für die Kosten auf und gleicht zusätzlich einen möglichen Wertverlust aus.

Der Preis für diese Versicherung hängt von mehreren Faktoren ab. Neben den vereinbarten Leistungen sind auch der Wohnort (aufgrund des Einbruchrisikos) und die Höhe der Versicherungssumme entscheidend.

Schauen Sie bei Vertragsabschluss aber nicht nur auf den Preis, sondern auch auf die Angebotsbedingungen. Wichtig ist, dass Sie sich für einen Tarif entscheiden, der bis zur Versicherungssumme auch für einen Schaden aufkommt, der durch grobe Fahrlässigkeit von Ihrer Seite entstanden ist. Sonst kann es zum Streit mit dem Versicherer kommen, wenn Sie zum Beispiel die Tür nur zugezogen oder das Fenster auf Kipp gestellt hatten, sodass den Einbrechern der Zutritt zu Ihrer Wohnung erleichtert wurde.

Für den optimalen Schutz ist es ebenfalls wichtig, dass Sie Ihre Einrichtung hoch genug versichern, womit wir wieder bei der zu Beginn genannten Wertermittlung sind. Schließen Sie einen neuen Vertrag ab, sollten Sie wissen, wie hoch die zu versichernden Werte in etwa sind. Sichern Sie einen zu niedrigen Wert ab, wird der Hausratversicherer Schäden nur anteilig erstatten – auch dann, wenn ein Totalschaden entstanden ist.

Ist es Ihnen zu mühsam, sich den genauen Überblick über Ihre Werte zu verschaffen, bieten Ihnen die Versicherer als Alternative einen sogenannten Unterversicherungsverzicht an. Dann wird jeder Quadratmeter Wohnraum pauschal mit einer bestimmten Summe versichert. Am besten fragen Sie die Beiträge für beide Alternativen ab und entscheiden dann, was für Sie geeigneter ist.

---

**UNSER RAT**

## Hausratversicherung

**Bedarf und Leistungen.** Mit zunehmendem Wert Ihrer Wohnungseinrichtung ist die Hausratversicherung zu empfehlen. Der Versicherer zahlt, wenn etwa Feuer oder austretendes Leitungswasser die Einrichtung beschädigen. Auch Schäden durch Sturm, Hagel und Blitzschlag sind versichert, ebenso die Folgen eines Einbruchs oder Raubs.

**Die Besten im Test.** Finanztest hat zuletzt im Jahr 2018 Hausrattarife untersucht und für verschiedene Modellhaushalte die günstigsten Beiträge ermittelt. Günstigster Tarif für den Modellhaushalt in München war damals der Onlinetarif Exclusiv Fairplay Direkt der Schwarzwälder mit einem Jahresbeitrag von 56 Euro. Für den Haushalt in Köln war damals der Tarif Premium der Medien mit 131 Euro am günstigsten.

**Bei Neuabschluss.** Vermeiden Sie Unterversicherung, also eine zu niedrige Versicherungssumme. Achten Sie in den Vertragsbedingungen darauf, dass der Versicherer für Schäden durch grobe Fahrlässigkeit aufkommt.

**Bei vorhandenem Vertrag.** Ein Wechsel kann sich lohnen, zum Beispiel wenn im bisherigen Tarif kein Schutz bei grober Fahrlässigkeit besteht. Überprüfen Sie, ob die Versicherungssumme noch zu Ihrer aktuellen Lebens- und Wohnsituation passt.

---

Der Unterversicherungsverzicht macht es für Sie zwar deutlich einfacher, bringt aber Ungenauigkeiten mit sich: Vielleicht ist Ihre Versicherungssumme durch diese pauschale Berechnung viel zu hoch. Dann zahlen Sie zu viel. Auch der umgekehrte Fall ist möglich: Sie haben einige besondere Möbelstücke, teure Geräte und Sammlerstücke, sodass die pauschale Versicherungssumme

### AUSFÜLLHINWEIS

**Formular I
Checkliste Hausratversicherung**
S. 129

Prüfen Sie anhand der Checkliste, welche Leistungen Ihre bisherige Hausratversicherung bietet oder wie leistungsstark ein neues Angebot ist. Überlegen Sie vor Abschluss eines neuen Vertrags, welche dieser Leistungen für Sie wichtig sind und welche Sie entbehren können.

pro Quadratmeter zu niedrig ist. Da der Versicherer bei einem Totalschaden nur diese pauschale Summe auszahlen würde, bliebe für Sie eine Versicherungslücke, die Sie aus eigener Tasche füllen müssten.

### Fahrräder, PC, Fernseher

Gedanken über den Wert Ihrer Einrichtung sollten Sie sich auch Jahre nach Abschluss der Versicherung immer wieder mal machen. In der Regel steigt mit der Zeit der Wohnstandard, sodass der Hausrat irgendwann viel mehr wert ist. Dann empfiehlt es sich unbedingt, die einmal vereinbarte Versicherungssumme aufzustocken.

Außerdem ist es ratsam, nicht nur auf die Gesamtsumme zu schauen, sondern sich einzelne Bereiche separat herauszupicken. Zwei Themen, die für viele Kunden relevant sind: Klären Sie, ob Ihre Fahrräder (noch) hoch genug versichert sind und ob Ihre technischen Geräte ausreichend gegen Überspannungsschäden versichert sind.

Für das Thema Fahrrad gilt: Ihr Rad oder die Räder Ihrer Familie sind über die Hausratversicherung versichert, wenn sie aus einem verschlossenen Raum gestohlen werden, also etwa aus dem abgeschlossenen Kellerraum oder aus der Garage. Anders ist es jedoch, wenn ein Rad an der Straße abgestellt wird, im Hof oder vor dem Supermarkt. Dann greift der Schutz der Hausratversicherung nicht ohne Weiteres. Nur in einigen teuren Komfort- oder Premiumtarifen ist die Fahrraddeckung automatisch enthalten. Bei anderen Tarifen ist es nötig, den Schutz vor Fahrraddiebstahl außerhalb der Wohnung gegen einen Zusatzbeitrag mit abzuschließen. Häufig ist es möglich, diesen Zusatzschutz für Räder bis zu einem bestimmten Anteil der Gesamtversicherungssumme zu vereinbaren, zum Beispiel bis zu 10 Prozent. Bei einer Versicherungssumme von 50 000 Euro wären das bis zu 5 000 Euro. Überlegen Sie gut, wie hoch der Schutz sein sollte – gerade als Familie mit mehreren Rädern oder wenn ein E-Bike im Schuppen steht.

Lassen sich Ihre Räder über die Hausratversicherung nicht ausreichend hoch versichern oder ist Ihnen der Zusatzschutz zu teuer – das Extra kann gerade in beliebten Fahrradstädten kostspielig werden –, können Sie sich nach einer speziellen Fahrradversicherung umsehen. Schauen Sie sich vor dem Abschluss die Bedingungen dieser Spezialpolicen an. Klären Sie, unter welchen Voraussetzungen der Versicherer zahlt.

Auch den Schutz Ihrer technischen Geräte sollten Sie separat prüfen: Grundsätzlich sind über die Hausratversicherung Schäden durch Blitzschlag versichert. Das gilt aber nur, wenn der Blitz direkt ins Haus einschlägt und auf diesem Weg Fernseher, PC oder Musikanlage beschädigt. Allerdings ist das Risiko, dass der Blitz in die Überlandleitungen einschlägt und infolgedessen technische Geräte beschädigt werden, deutlich größer. Solche Überspannungsschäden sind zwar in einem Teil der Hausrattarife automatisch enthalten, doch nicht überall. In dem Fall zahlt der Versicherer nur, wenn der Schutz ausdrücklich zusätzlich mit vereinbart wird.

Sie können zum Beispiel Überspannungsschäden in Höhe von 10 Prozent der vereinbarten Versicherungssumme mit absichern. Überlegen Sie bei Neuabschluss der Versicherung genau, in welcher Höhe Sie Schutz benötigen. Wenn der Vertrag schon länger läuft, überschlagen Sie, ob die vereinbarte Summe noch zu Ihren Neuanschaffungen der letzten Jahre passt – wenn etwa der Fernseher größer geworden ist und in jedem Kinderzimmer ein PC steht.

### Elementarschutz extra vereinbaren

Die Einrichtung ist zwar gegen Sturmschäden oder Schäden durch Leitungswasser geschützt, aber nicht, wenn beispielsweise der nahe gelegene Fluss über die Ufer tritt und die vollen Bücherkisten im Keller zerstört. Die Kisten gehören zwar zum Hausrat, werden von Ihrer Versicherung aber nicht automatisch ersetzt, denn den Schutz vor Schäden durch Hochwasser und andere Elementarereignisse wie Erdrutsch oder Erdbeben müssen Sie separat mit dem Hausratversicherer vereinbaren (siehe auch „Hochwasser und Schlamm", S. 60).

### Sicheres Eigenheim

Feuer, Leitungswasser, Sturm: Solche Ereignisse können nicht nur die Einrichtung zerstören, sondern natürlich auch die Wände drumherum. Sobald Sie im Eigenheim leben, ist es unverzichtbar, dass Sie die Absicherung Ihrer Immobilie in Angriff nehmen. Entweder müssen Sie sich allein um eine Wohngebäudeversicherung kümmern oder – wenn Sie eine Eigentumswohnung erwerben – gemeinsam mit den Miteigentümern der Immobilie.

Die Wohngebäudeversicherung ist zwar gesetzlich keine Pflicht, doch letztlich kommen Sie um den Vertrag nicht herum: Solange Sie den Kredit für Ihre Immobilie abzahlen, werden die Gläubiger den Versicherungsschutz verlangen. Und auch danach sollten Sie Haus oder Eigentumswohnung schützen. Im Normalfall dürfte die Immobilie die größte Investition Ihres Lebens sein. Wenn sie durch ein Feuer zerstört oder durch Sturm schwer beschädigt wird, könnte Sie das ruinieren.

Über eine Wohngebäudeversicherung lässt sich der Schutz gegen einzelne Risiken wie Feuer, Sturm und Hagel sowie Leitungswasserschäden im Paket abschließen. Sie können auch auf einzelne Leistungsbereiche verzichten. Allerdings ist der Rundumschutz

---

**UNSER RAT**

## Wohngebäudeversicherung

**Bedarf und Leistungen.** Den Schutz einer Wohngebäudeversicherung benötigt jeder Immobilienbesitzer. Der Versicherer kommt für Schäden auf, die durch Feuer, Leitungswasser oder Sturm und Hagel am Eigenheim entstehen.

**Die Besten im Test.** Finanztest hat zuletzt im Herbst 2018 Wohngebäudeversicherungen untersucht. Die Preise für den Versicherungsschutz unterscheiden sich zum Teil sehr deutlich und hängen vom Wert der Immobilie, ihrer Lage und vom Anbieter ab.

**Bei Neuabschluss.** Vergleichen Sie mehrere Angebote. Vermeiden Sie Unterversicherung.

**Bei vorhandenem Vertrag.** Stocken Sie den bisherigen Schutz auf, wenn Ihnen wichtige Extras fehlen oder wenn Ihnen die Leistungen zu niedrig erscheinen. Kündigen Sie einen laufenden Vertrag erst, wenn Sie neuen Schutz sicher in der Tasche haben.

**AUSFÜLLHINWEIS**

**Formular J
Checkliste Wohngebäudeversicherung**
S. 133

Mithilfe unserer Checkliste im Formularteil können Sie sich einen Überblick über die Leistungen Ihres bestehenden Vertrags oder eines neuen Angebots für eine Wohngebäudeversicherung verschaffen. Fehlen bestimmte Extras oder ist Ihnen der jeweilige Schutz in Ihrer bisherigen Versicherung zu niedrig, fragen Sie beim Anbieter nach, ob und zu welchen Konditionen Sie aufstocken können. Oder schauen Sie sich gleich nach einem neuen Angebot um. Die Ergebnisse aus dem jüngsten Test der Stiftung Warentest finden Sie unter test.de, Suchbegriff „Wohngebäudeversicherung". Kündigen Sie Ihren laufenden Vertrag aber erst, wenn Sie den neuen Schutz haben.

in der Regel sinnvoll. Vor allem die Feuerversicherung ist unverzichtbar. Gegen Sturmschäden sollten Sie sich ebenfalls absichern. Der Schutz vor Leitungswasserschäden mag je nach Zustand des Hauses entbehrlich erscheinen, doch gerade wenn das Haus älter wird, kann auch diese Absicherung besonders wertvoll sein. Platzt ein Rohr, sind Wände oder Geschossdecken schnell durchnässt, das Wasser kann dauerhafte Spuren hinterlassen.

Nehmen Sie sich Zeit für die Auswahl des Tarifs. Beim Preis kann es je nach Anbieter deutliche Unterschiede geben. Die Höhe der Beiträge hängt auch vom Wert des Hauses und von seiner Lage ab. Wichtig ist, dass die Versicherungssumme dem Wert Ihrer Immobilie entspricht.

Am besten lassen Sie den Wert vom Versicherungsunternehmen bestimmen. So können Sie verhindern, dass das Haus unterversichert wird. Das könnte nämlich zur Folge haben, dass der Versicherer nicht für den kompletten Schaden aufkommt.

Die Wohngebäudeversicherung ist eine gleitende Neuwertversicherung. Das bedeutet, dass es keine feste Leistungsobergrenze gibt. Die Summe, die der Versicherer im Schadensfall zahlt, wird ständig an den aktuellen Neubauwert der Immobilie angepasst. Damit ist sichergestellt, dass Sie etwa bei einem Totalschaden nach einem Brand so viel Geld bekommen, dass Sie Ihr Haus am gleichen Standort zu den aktuellen Preisen wieder aufbauen können.

Vor Vertragsabschluss lohnt sich ein genauer Blick in die Vertragsbedingungen: Zahlt der Versicherer bei grober Fahrlässigkeit? Welche Zusatzkosten sind abgesichert und in welcher Höhe – zum Beispiel, wenn Schutt und Reste eines zerstörten Hauses abtransportiert werden müssen? Wie steht es mit Schäden durch Blitzschlag?

### Sicherheit schon in der Bauphase

Wenn Sie Ihre Immobilie nicht fertig kaufen, sondern erst noch bauen (lassen), sollten Sie sich bereits deutlich vor dem Einzug Gedanken über Versicherungen machen. Sobald Ihr Bauprojekt läuft, benötigen Sie Versicherungsschutz, etwa eine Bauherrenhaftpflichtversicherung oder eine Feuerversicherung für den Rohbau („Für Immobilienbesitzer und Bauherren", S. 24).

### Hochwasser und Schlamm

Je nach Wohnort fürchten Sie vielleicht weniger Sturm und Hagel für Ihre Immobilie, sondern eher Hochwasser. Tritt der nahe gelegene Fluss über die Ufer, zahlt der Wohngebäudeversicherer aber nicht automatisch. Er kommt nur für das Trocknen der Wände und Renovierungs- oder Aufbauarbeiten auf, wenn Sie zusätzlich eine Elementarschadenversicherung abgeschlossen haben. Hier gibt es jedoch einen Haken, denn gerade Hausbesitzer, die diesen Schutz aufgrund der Lage ihrer Immobilie am dringendsten bräuchten, bekommen ihn häufig nicht. Oder sie müssen für die Absicherung gegen Naturereignisse wie Überschwemmung und Erdrutsch aufgrund des höheren Risikos besonders viel zahlen, sodass Sie genau überlegen sollten, ob Sie den Schutz wählen.

Können Sie den Zusatzschutz bekommen und ist der Preis für Sie angemessen, achten Sie darauf, dass Sie alle Vorgaben des Versicherers erfüllen und dass Schäden durch Rückstau inbegriffen sind. Rückstau entsteht, wenn Starkregen die Kanalisation überlastet und wenn Wasser aus Ableitungsrohren des Gebäudes durch Regen oder Überschwemmung in das Haus gelangt. Möglicherweise gibt der Versicherer in seinen Bedingungen vor, dass eine Rückstauklappe eingebaut sein muss. Erfüllen Sie diese Vorgabe nicht, gehen Sie leer aus, wenn die Kanalisation überlastet ist und Ihr Keller daraufhin überflutet wird.

# Schutz bei Rechtsstreitigkeiten

Eine Rechtsschutzversicherung ist sinnvoll, um sich im Streitfall fachliche Unterstützung durch einen Anwalt zu sichern, ohne dafür tief in die eigene Tasche greifen zu müssen.

Ob nach einem Verkehrsunfall, im Umgang mit Behörden oder bei Streitigkeiten mit dem Arbeitgeber: Im Alltag gibt es viele Situationen, in denen Sie als Laie vermutlich froh sind, wenn Sie etwa bei Streit oder einem unklaren Sachverhalt einen Rechtsanwalt um Rat fragen können.

Beispiel Verkehrsunfall: Für welche Ausgaben muss die Kfz-Haftpflichtversicherung des Fahrers aufkommen, der an der Ampel auf Ihren Wagen aufgefahren ist? Wie lange steht Ihnen ein Ersatzfahrzeug zu? Wie steht es mit Schmerzensgeld oder – je nach Schwere der Verletzung – mit weit größeren Ansprüchen, etwa einer lebenslangen Rente? Hier ist es hilfreich, wenn Sie ein Rechtsanwalt im Umgang mit der Polizei, dem Haftpflichtversicherer des Unfallgegners und der eigenen Versicherung unterstützt. Haben Sie eine Verkehrsrechtsschutzversicherung, müssen Sie die Ausgaben für den Rechtsanwalt nicht selbst zahlen. Der Versicherer trägt die Kosten für den Anwalt und für eine mögliche Gerichtsverhandlung. Sie springt übrigens häufig auch ein, wenn Sie nicht auf einer Straße in Deutschland, sondern im Ausland in einen Unfall verwickelt wurden und anwaltliche Hilfe benötigen.

## Verkehrsrechtsschutz sinnvoll für jeden Verkehrsteilnehmer

Der Gedanke mag naheliegen: Eine Verkehrsrechtsschutzversicherung braucht doch nur, wer Auto, Motorrad oder ein anderes Kraftfahrzeug fährt – wenn ich kein Fahrzeug habe, benötige ich keinen Vertrag, oder doch?

Auch ohne Auto ist Verkehrsrechtsschutz sinnvoll. Denn jeder nimmt am Straßenverkehr teil und kann unverhofft in einen Unfall verwickelt werden. Und gerade Fußgänger oder Radfahrer kann ein Unfall besonders schwer treffen, sodass es zum Streit um Schmerzensgeld oder Verdienstausfall geht. Der Rechtsstreit danach ist oft teuer. Deshalb ist der Verkehrsrechtsschutz auch sinnvoll, wenn Sie kein Kraftfahrzeug haben. Versichert sind Sie nicht nur als Fahrer, sondern auch als Fußgänger, Radler und Fahrgast in öffentlichen Verkehrsmitteln wie Bus und Bahn.

## Schutz bei Alltagsstreitereien

Auch in anderen Lebensbereichen abseits des Straßenverkehrs kann es im Einzelfall hilfreich sein, wenn Sie sich Rechtsrat einholen, um mit dem Gegenüber auf Augenhöhe zu streiten – zum Beispiel, wenn es um Haus und Wohnung geht: wenn etwa Ihr Vermieter beim Auszug die Kaution nicht erstatten will oder wenn ein Handwerker die Arbeiten an Ihrem Haus nicht zu Ihrer Zufriedenheit ausgeführt hat.

Für solche Streitigkeiten kann eine Rechtsschutzversicherung sinnvoll sein, aber nur unter der Voraussetzung, dass der Versicherer die Ausgaben für den Anwalt und mögliche Prozesskosten tatsächlich übernimmt. Denn der Haken bei der Rechtsschutzversicherung ist, dass Sie häufig nicht den Rundumschutz für alle Streitigkeiten haben. So sind etwa Klagen rund um den Bau oder Kauf einer neuen Immobilie oft nicht über die Rechtsschutzversicherung abgedeckt. Häufig dauern die Gerichtsverfahren zwischen dem Bauherrn und dem Handwerker oder Bauherrn und Architekt sehr lange und sind teuer, sodass viele Versicherer solche Streitigkeiten vom Schutz ausnehmen. Das bedeutet, dass Sie zum Beispiel die Ausgaben für eine Auseinandersetzung mit einer Baufirma, die nicht nach Ihren Wünschen gearbeitet hat, im Normalfall selbst zahlen müssen.

Etwas besser stehen Ihre Chancen auf Rechtsschutz, wenn Sie zum Beispiel eine Bestandsimmobilie kaufen, in die Sie selbst einziehen wollen. Wenn Sie etwa erst nach dem Kauf eines Hauses feststellen, dass es einmal Hausschwamm gegeben hat, den der Vorbesitzer verschwiegen hat, würden Sie Unterstützung von Ihrem Rechtsschutzversicherer bekommen, wenn Sie gegen den Vorbesitzer klagen.

Diese ersten Beispiele zeigen: Bei der Rechtsschutzversicherung ist es besonders wichtig, vor Vertragsabschluss genau zu prüfen, in welchen Situationen der Versicherer zahlen würde und was er zahlen würde – zum Beispiel nur eine anwaltliche Erstberatung oder auch ein Gerichtsverfahren.

## Komplettpakete für die ganze Familie

Auf der Suche nach einer Rechtsschutzversicherung finden Sie unter anderem Komplettpakete, die für die Lebensbereiche Privates, Arbeit und Verkehr Schutz bieten. Der Umfang der Leistungen und die Beiträge für diese Pakete unterscheiden sich zum Teil deutlich – möglich, dass Sie guten Schutz für weniger als 300 Euro Jahresbeitrag bekommen, wenn Sie eine Selbstbeteiligung von 150 Euro vereinbaren. Es gibt aber auch Versicherer, die einige Hundert Euro mehr verlangen.

Diese Beitragsunterschiede haben sich gezeigt, als Finanztest zuletzt Rechtsschutzpakete untersucht hat. Seit dem Redaktionsschluss für dieses Versicherungs-Set können neue, aktuellere Testergebnisse vorliegen. Die aktuellsten Daten finden Sie unter test.de, Suchbegriff „Rechtsschutz".

Noch etwas teurer wird die Rechtsschutzversicherung, wenn Sie sich weitere Leistungsbereiche zusätzlich „einkaufen", etwa Mietrechtsschutz oder Schutz für Eigentümer.

Mit einem umfangreichen „Familienpaket" sind Ehepartner und Kinder mitversichert. Partner ohne Trauschein können Sie ebenfalls mit aufnehmen, meist müssen Sie sie aber separat in die Rechtsschutz-Police eintragen lassen. Doch eine Rundum-Absicherung haben Sie selbst mit einer Paketlösung nicht. In der Regel sind beispielsweise Familienstreitigkeiten ausgeschlossen. Wenn es etwa Ärger ums Erbe gibt oder eine Scheidung ins Haus steht, müssten Sie selbst für den Anwalt aufkommen. Die Versicherer zahlen zum Teil gar nichts oder höchstens für eine anwaltliche Beratung in Höhe von mehreren Hundert Euro. Einige zahlen einen begrenzten Betrag bei Erbschaftsstreitigkeiten, schließen aber Scheidungen komplett aus.

Unterschiede zwischen den Tarifen gibt es in weiteren Bereichen, etwa bei Streitigkeiten mit dem Finanzamt. Einige Versicherer zahlen bereits während des Einspruchsverfahrens – wenn Sie sich also nach Erhalt des Steuerbescheids Hilfe von einem Fachanwalt für Steuerrecht holen. Andere zahlen erst, wenn das ganze Verfahren vor Gericht landet.

## Alte Verträge oftmals besser

Wichtig ist noch eine Besonderheit: Bei vielen Versicherungsarten geben wir den Tipp, nach neuen Angeboten zu suchen, wenn Sie Ihren derzeitigen Vertrag schon vor mehreren Jahren abgeschlossen haben. Bei der Rechtsschutzversicherung ist das etwas anders: Weil viele neue Angebote schlechtere Vertragsbedingungen haben als alte, ist es häufig sinnvoll, wenn Kunden ihren vorhandenen Vertrag behalten.

In vielen älteren Verträgen gibt es beispielsweise noch die sogenannte Einjahresregel. Sie besagt: Liegt eine Streitursache länger als ein Jahr vor Vertragsabschluss zurück, kann sich der Versicherer nicht auf dieses Ereignis stützen, wenn er sich weigert zu zahlen.

Fehlt diese Einjahresregel in den Bedingungen – das ist bei neueren Verträgen manchmal der Fall –, könnte es zum Beispiel Probleme geben, wenn der Versicherte Schutz haben will für eine Streitigkeit, die sich schon seit mehreren Jahren hinzieht und deren Ausgangspunkt weit vor dem Abschluss der Rechtsschutzversicherung lag.

### Nicht nur Sie können kündigen – der Versicherer auch

Zu oft dürfen Sie sich nicht auf Ihre Rechtsschutzversicherung verlassen. In den Vertragsbedingungen steht in der Regel, dass der Versicherer den Vertrag außerordentlich kündigen darf, wenn Sie den Schutz zweimal innerhalb von zwölf Monaten in Anspruch nehmen. In einer solchen Lage kann es zudem schwierig werden, eine neue Versicherung abzuschließen, denn der neue Versicherer wird fragen, wer den Vertrag gekündigt hat – Sie oder der vorherige Versicherer? Um diese heikle Situation zu umgehen, sollten Sie überlegen, ob Sie dem Versicherer vielleicht zuvorkommen können und von sich aus Ihre aktuelle Rechtsschutzversicherung kündigen.

# Sicher unterwegs im Straßenverkehr

Für Verkehrsteilnehmer sind einige Versicherungen Pflicht – nicht nur, wenn sie mit dem Auto unterwegs sind.

Wenn Sie zu Fuß, mit dem Fahrrad oder auf Inlineskates im Straßenverkehr unterwegs sind, sind Sie mit einer Privathaftpflichtversicherung gut abgesichert für den Fall, dass Sie einen Unfall verursachen: Der Haftpflichtversicherer kommt für die Schäden auf, die Sie anderen Verkehrsteilnehmern unbeabsichtigt zufügen.

Doch längst sind es nicht mehr nur die einfachen Räder, die sich im Straßenverkehr tummeln: Neben Autos, Lkw und öffentlichen Verkehrsmitteln sind immer mehr E-Bikes und inzwischen auch E-Scooter (Elektro-Tretroller) unterwegs. Wer sich für eines dieser Verkehrsmittel entscheidet, muss sich schon etwas mehr Gedanken über den Versicherungsschutz machen.

Bei den E-Bikes kommt es darauf an, um was für ein Fahrrad es sich handelt. Wählen Sie ein Pedelec, bei dem der Elektromotor nur läuft, wenn Sie selbst treten und nicht schneller als 25 Kilometer pro Stunde sind, reicht meist der Schutz der Privathaftpflichtversicherung aus – der Versicherer behandelt das Pedelec wie ein normales Fahrrad und springt ein, wenn Sie jemand anderem einen Schaden zufügen. Achten Sie aber darauf, dass Ihre Privathaftpflichtversicherung die Deckungserweiterung für Pedelecs beinhaltet.

Entscheiden Sie sich hingegen für ein E-Bike, das auch ohne Muskelkraft gefahren werden kann, brauchen Sie zusätzlichen Schutz: In dem Fall ist Ihr Rad versicherungstechnisch ein Mofa und benötigt somit ein Versicherungskennzeichen, das Sie direkt bei der Versicherung bekommen. Die damit verbundene Haftpflichtversicherung ist wie bei Autos oder Lkw Pflicht. Für Elektrofahrräder, die auch ohne Muskelkraft fahren, kann eine zusätzliche Teilkaskoversicherung sinnvoll sein.

Wollen Sie Ihr Pedelec gegen Diebstahl oder Beschädigung versichern, ist dies über die Hausratversicherung möglich. Voraussetzung ist, dass das Rad aus Ihrer Wohnung oder dem abgeschlossenen Fahrradkeller gestohlen oder bei einem Einbruch oder durch Feuer beschädigt wird.

Um auch außer Haus geschützt zu sein, brauchen Sie eventuell einen Fahrradzusatz in Ihrer Hausratversicherung (siehe „Fahrräder, PC, Fernseher", S. 58). Dieser Fahrradschutz versichert Ihr Rad dann auch auf der Straße. Achten Sie beim Abschluss darauf, dass Sie auch in der Zeit zwischen 22 und 6 Uhr den gewünschten Schutz haben.

Wollen Sie Ihr Pedelec gegen Vandalismus und Teildiebstahl schützen, kann alternativ eine spezielle Fahrradversicherung sinnvoll sein.

### E-Scooter mit Plakette

Anders als für Pedelecs gilt für die seit Sommer 2019 zugelassenen E-Scooter (Tretroller mit Elektroantrieb) eine Versicherungspflicht. Sie fallen nicht mehr unter den Schutz der Privathaftpflichtversicherung, sodass zusätzlicher Haftpflichtschutz benötigt wird. Die E-Roller müssen eine Versicherungsplakette tragen, sonst dürfen sie nicht auf öffentlichen Straßen benutzt werden. Die Plakette ähnelt dem Mofakennzeichen, ist aber deutlich kleiner.

## Schutz für das Auto

Bevor Sie Ihr Auto im Straßenverkehr nutzen können, müssen Sie sich um Haftpflichtschutz kümmern. Der Kfz-Haftpflichtversicherer übernimmt nach einem mit dem Fahrzeug verursachten Unfall die Schadenersatzzahlungen an die Unfallopfer und kommt für Personen-, Sach- und Vermögensschäden auf. Per Gesetz gilt eine Mindestdeckung von 7,5 Millionen Euro für Personenschäden, 1 Million Euro für Sachschäden und 50 000 Euro für Vermögensschäden.

Die Kfz-Versicherer gehen aber in aller Regel deutlich über diese Mindestversicherungssummen hinaus und bieten in ihren Tarifen häufig Deckungssummen von 100 Millionen oder zumindest 50 Millionen Euro für Sachschäden an. Die Deckungssummen für Personenschäden liegen häufig bei 8, 10 oder 15 Millionen Euro. Es ist ratsam, sich für einen Tarif mit diesen höheren Deckungssummen zu entscheiden. Die Tarife sind in der Regel nicht viel teurer als die Angebote, die nur die gesetzlich vorgegebenen Summen decken.

Als Fahrzeughalter müssen Sie überlegen, ob und, wenn ja, welchen weiteren Versicherungsschutz Sie für Ihr Fahrzeug wollen. Sie können zusätzlichen Kaskoschutz abschließen – Teil- oder Vollkasko.

Wählen Sie die Teilkasko, kommt der Versicherer für Schäden durch Brand, Explosion, Diebstahl, Raub, Elementarereignisse wie Sturm, Hagel und Überschwemmungen sowie für Schäden durch Haarwild auf. Er zahlt auch für Glasschäden, zum Beispiel, wenn die Windschutzscheibe nach einem Steinschlag einen Riss hat.

Wählen Sie den Vollkaskoschutz, haben Sie zusätzlich Anspruch auf weitere Leistungen. Der Versicherer kommt dann zum Beispiel nach einem selbst verschuldeten Unfall für Schäden am eigenen Auto auf und übernimmt Schäden durch Vandalismus.

**UNSER RAT**

## Kfz-Versicherung

**Bedarf und Leistungen.** Die Kfz-Haftpflichtversicherung benötigt jeder Fahrzeughalter. Zusätzlicher Kaskoschutz ist je nach Alter und Zustand des Fahrzeugs sinnvoll. Der Versicherer zahlt für Schäden, die jemand anderem durch die Benutzung des Fahrzeugs entstehen. Wenn Sie zusätzlich Kaskoschutz haben, kommt er für weitere Schäden am eigenen Fahrzeug auf, etwa durch Diebstahl, Feuer und Sturm.

**Die Besten im Test.** Finanztest ermittelt jedes Jahr neu die günstigsten Tarife für die Autoversicherung für verschiedene Modellkunden. Im Test 2019 lagen bei den günstigen Haftpflicht-Tarifen DA Deutsche Allgemeine (Komfort), Friday und Verti (Klassik) vorn. Bei den günstigen und guten Tarifen für Kfz-Haftpflicht mit Teil- oder Vollkasko lagen DA Deutsche Allgemeine (Komfort mit Zusatz), Verti (Klassik), in Teilkasko auch EuropaGo (Komfort) und Friday vorn. Aber Achtung: Versicherer, die im Test zu den günstigen gehören, können im individuellen Einzelfall teurer sein. Eine umfangreiche, neutrale Analyse der für Ihr Fahrzeug geeigneten Versicherungen können Sie unter test.de/analyse-kfz für 7,50 Euro erhalten.

**Bei Neuabschluss.** Beim Haftpflichtschutz sollten Sie auf den Beitrag und die Deckungssumme achten, beim Kaskoschutz auch die Leistungen genauer in den Blick nehmen.

**Bei vorhandenem Vertrag.** Wenn Sie wechseln wollen, kündigen Sie rechtzeitig – meist ist der 30. November der entscheidende Stichtag. Kündigen Sie aber erst, wenn Sie einen neuen Vertrag sicher in der Tasche haben. Finden Sie ein günstigeres Angebot bei einem neuen Versicherer, konfrontieren Sie Ihren jetzigen Anbieter damit. Vielleicht gibt es noch Spielraum für Rabatte, wenn der Versicherer Sie gerne halten will.

### Welcher Kaskoschutz für wen?

Einen allgemeingültigen Tipp, welchen Kaskoschutz Sie wie lange brauchen, gibt es nicht. Wir empfehlen die Vollkaskoversicherung für Neuwagen in den ersten drei Jahren und je nach Zustand des Fahrzeugs auch für weitere Jahre. Für die Teilkasko gilt, dass sie bei alten Wagen ab etwa zehn Jahren im Regelfall verzichtbar ist. Doch auch hier hängt es vom Zustand des Fahrzeugs und natürlich von Ihrem eigenen Sicherheitsbedürfnis ab, ob und wann Sie auf den Zusatzschutz verzichten wollen. Beachten Sie außerdem: Sind Sie viele Jahre unfallfrei gefahren, kann Vollkaskoschutz sogar günstiger sein als die Teilkasko-Versicherung.

### Alter, Fahrzeug, Wohnort

Der Preis der Autoversicherung hängt von verschiedenen Faktoren ab, zum Beispiel von Ihrem Wohnort, vom Alter der Fahrer, vom Fahrzeugtyp und von der Anzahl der gefahrenen Kilometer. Der Schutz wird günstiger, je länger Sie unfallfrei gefahren sind – also keine Leistungen des Versicherers in Anspruch genommen haben.

Hintergrund: Wenn Sie möglichst lange schaden- und unfallfrei fahren, erreichen Sie eine höhere Schadenfreiheitsklasse und zahlen entsprechend weniger Beitrag. Sobald Sie die Versicherung dann aber in Anspruch nehmen, können Sie einen Teil des bisherigen Rabatts verlieren, sodass die Beiträge steigen. Genau deshalb kann es sich manchmal lohnen, zumindest kleinere Schäden aus eigener Tasche zu zahlen, um den Rabatt nicht aufs Spiel zu setzen. Ob es günstiger ist, den Schaden selbst zu zahlen oder nicht, kann der Versicherer Ihnen ausrechnen.

Entscheiden Sie sich nur für die Kfz-Haftpflichtversicherung, kommt es vor allem auf den Beitrag und die Versicherungssummen an. Wollen Sie zusätzlichen Kaskoschutz, empfiehlt es sich, auch einen Blick auf die Vertragsbedingungen zu werfen – ein etwas höherer Beitrag kann sich je nach persönlicher Situation durchaus lohnen. Klären Sie vor Vertragsabschluss zum Beispiel:

→ Bis zu welchem Termin erstattet der Kaskoversicherer bei neuen Wagen den Neuwert und nicht nur den Wiederbeschaffungswert des Fahrzeugs?
→ Zahlt der Versicherer den vollen Schaden, wenn Sie diesen grob fahrlässig verursacht haben, oder kürzt er dann die Leistung?
→ Was kostet ein zusätzlicher Rabattschutz? Er kann dafür sorgen, dass Sie nach einem Unfall nicht gleich Ihren lang angesammelten Schadenfreiheitsrabatt verlieren.
→ Unfälle mit welchen Tieren sind abgesichert? Nur Schäden durch Haarwild wie Rehe oder auch durch andere Tiere, etwa Haustiere oder Fasane?
→ Kommt der Versicherer unbegrenzt für Schäden durch Tierbisse auf oder formuliert er hier Ausschlüsse?

### Weiterer Schutz sinnvoll

Für alle Verkehrsteilnehmer ist eine Verkehrsrechtsschutzversicherung sinnvoll (siehe „Schutz bei Rechtsstreitigkeiten", S. 61). Als weitere Absicherung kann ein Schutzbrief interessant sein, den die Versicherer häufig als Ergänzung zur Kfz-Versicherung anbieten. Damit bekommen Sie vom Versicherer finanzielle und organisatorische Unterstützung bei einer Panne oder nach einem Unfall. Er kümmert sich etwa darum, dass ein Abschleppdienst kommt oder dass Sie vor Ort eine Übernachtungsmöglichkeit haben, wenn Sie Ihr Fahrzeug nicht gleich wieder nutzen können. Dieses Extra ist durchaus sinnvoll, doch prüfen Sie vorab, ob Sie vergleichbare Leistungen schon auf anderem Weg haben, etwa über die Mitgliedschaft im Automobilclub.

# Mit dem richtigen Schutz verreisen

Sobald Sie sich auf den Weg ins Ausland machen, sollten Sie eine Auslandsreise-Krankenversicherung im Gepäck haben. Andere Verträge für den Urlaub können Sie sich oft sparen.

Der Schutz einer privaten Auslandsreise-Krankenversicherung ist allen Menschen, die hierzulande gesetzlich krankenversichert sind, unbedingt zu empfehlen, wenn sie Deutschland verlassen. Und auch für diejenigen, die privat krankenversichert sind, kann er wichtig werden.

Mit der Versicherung in der Tasche sind Sie abgesichert für den Fall, dass Sie zum Beispiel während des Kreta-Urlaubs erkranken oder beim Skifahren in Österreich stürzen. Der Versicherer übernimmt dann die Ausgaben für die medizinische Versorgung im Ausland und für einen Rücktransport nach Deutschland.

## Im Ausland oft kein kompletter Schutz

Aber muss der zusätzliche Vertrag wirklich sein, überlegen Sie vielleicht? Ja, alle, die gesetzlich krankenversichert sind, sollten ihn abschließen, denn über die Krankenkasse sind Sie außerhalb unseres Landes nicht umfassend geschützt: So würden Sie im Ernstfall auf sämtlichen oder zumindest auf einigen Kosten für die medizinische Versorgung sitzen bleiben, auf den Kosten für einen Rücktransport komplett.

Denn die gesetzlichen Kassen übernehmen Behandlungskosten nur innerhalb der EU, im europäischen Wirtschaftsraum und in Staaten, mit denen Deutschland ein Sozialversicherungsabkommen geschlossen hat – allerdings zahlen sie dann auch nur das, was gesetzlich versicherten Bürgern vor Ort zusteht. Außerhalb Europas zahlen sie gar nichts. Unabhängig vom Reiseland kommen sie nie für die Kosten eines Rücktransports auf.

Ohne privaten Zusatzschutz kann es Ihnen passieren, dass Sie einen Teil der Kosten selbst tragen müssen – wenn der Arzt vor Ort Sie wie einen Privatpatienten behandelt. Oder Sie müssten sogar alles zahlen, nicht nur den Arztbesuch, sondern auch eine dringende OP und den begleiteten Flug zurück nach Deutschland: Je nach Reiseland und Schwere der Erkrankung fallen leicht Ausgaben von einigen Tausend oder sogar einigen Zehntausend Euro an, die die eigene Krankenkasse nicht trägt. Der Rücktransport schlägt dabei besonders zu Buche.

Auch wenn Sie in Deutschland privat krankenversichert sind, sollten Sie vor Ihrem Urlaub aktiv werden: Klären Sie zur Sicherheit, ob und in welchem Umfang Ihr Versicherer die Ausgaben für Behandlungen im Ausland und einen möglichen Rücktransport nach Deutschland zahlen würde. Fehlt dieser Schutz, sollten Sie eine zusätzliche Police für die Auslandsreise abschließen.

## Günstiger Jahresbeitrag

Eine Auslandsreise-Krankenversicherung gibt es vergleichsweise günstig. Einzelreisende bekommen sehr guten Schutz schon für unter 10 Euro, Familien können sich für weniger als 30 Euro Jahresbeitrag sehr gut absichern. Über diese Verträge sind Sie dann innerhalb eines Jahres sooft Sie wollen für je nach Tarif sechs bis zehn Wochen je Einzelreise abgesichert.

**UNSER RAT**

# Auslandsreise-Krankenversicherung

**Bedarf und Leistungen.** Die Auslandsreise-Krankenversicherung braucht jeder, der gesetzlich krankenversichert ist, sobald er Deutschland verlässt. Eventuell benötigen auch Privatpatienten den zusätzlichen Schutz. Der Versicherer zahlt für die medizinische Versorgung im Ausland, wenn Sie dort erkranken. Er kommt auch für einen Rücktransport nach Deutschland auf.

**Die Besten im Test.** Testsieger für Einzelreisende waren im Frühjahr 2019 DKV und Ergo mit je 9,90 Euro Jahresbeitrag sowie JRV von HanseMerkur für 17 Euro. Die besten Tarife für Familien waren JRV von HanseMerkur für 29 Euro, TravelSecure-AR ohne Selbstbeteiligung von TravelSecure/Würzburger für 33 Euro und grün versichert ARN.Familie von Vigo für 46,80 Euro.

**Bei Neuabschluss.** Manche gesetzlichen Krankenkassen arbeiten mit einem privaten Versicherer zusammen. Wenn Sie dort den Vertrag abschließen, können Sie Rabatt bekommen. Achten Sie aber nicht nur auf den Beitrag, sondern auch auf die Leistungen.

**Bei vorhandenem Vertrag.** Gerade, wenn Sie Ihre Versicherung schon vor längerer Zeit abgeschlossen haben, kann es sich lohnen, nach einem neuen Angebot zu suchen. Bei vielen Versicherern sind die Vertragsbedingungen in den letzten Jahren besser geworden.

## Wechsel kann sich lohnen

Wenn Sie bereits eine Auslandsreise-Krankenversicherung haben und wenn Sie diesen Vertrag vielleicht schon vor mehreren Jahren abgeschlossen haben, empfiehlt es sich, dass Sie einen Blick auf die aktuellen Angebote am Markt werfen. Die Vertragsbedingungen für diese Versicherungen sind in den vergangenen Jahren immer besser geworden. Aktiv werden sollten Sie auch, wenn Sie etwa Schutz über Ihre Kreditkarte haben oder aber über ein Versicherungspaket, das Sie bei Reisebuchung abgeschlossen haben: Schauen Sie nach, was diese Angebote bieten. Die Bedingungen sind häufig schlechter, sodass ein zusätzlicher Vertrag sinnvoll werden kann.

## Auf die Formulierung kommt es an

Wollen Sie eine neue Reise-Krankenversicherung abschließen, nehmen Sie sich Zeit, um auf die genauen Bedingungen zu achten – kleine Unterschiede in den Formulierungen können eine Menge wert sein:
→ Werden die Kosten für Behandlung und Transport unbegrenzt übernommen?
→ Ist der Rücktransport nach Deutschland laut Bedingungen möglich, wenn er „medizinisch sinnvoll" ist und nicht erst, wenn er „medizinisch notwendig" ist?
→ Verzichtet der Versicherer auf den Ausschluss einzelner Krankheiten?
→ Werden Kosten für die Notfallbetreuung von Kindern und Jugendlichen bis 16 Jahren übernommen, wenn die Eltern ausfallen?
→ Verzichtet der Versicherer auf eine Selbstbeteiligung?
→ Verzichtet der Versicherer beim Thema Vorerkrankungen auf unklare Formulierungen wie „akute" oder „unvorhergesehene" Erkrankung?
→ Sind auch Sportverletzungen versichert?
→ Ist die Behandlung psychischer Erkrankungen eingeschlossen?

Können Sie möglichst viele dieser Fragen mit Ja beantworten, spricht das für den Tarif. Wenn Sie über die Kreditkarte Versicherungsschutz haben, sollten Sie klären, wer überhaupt versichert ist – nur der Karteninhaber oder auch die Familienangehörigen? Und sind Letztere auch dann versichert, wenn sie allein, also ohne den Karteninhaber, reisen? Gilt der Schutz auch für den Fall, dass die Reise nicht mit der Kreditkarte bezahlt wurde?

### Altersgrenzen beachten
Senioren sollten bei der Suche nach einem Tarif genau hinsehen: Die Anbieter verlangen zum Teil deutliche Alterszuschläge. Hier lohnt es sich, vorab Bedingungen und Preise zu vergleichen. Auch Familien schauen am besten nach der Altersgrenze, denn über die Familientarife sind Kinder häufig bis 18 mitversichert, in manchen Tarifen aber auch deutlich länger.

### Schutz für lange Reisen
Sobald Sie nicht nur ein paar Wochen im Ausland verbringen, sondern zum Beispiel ein halbes oder ganzes Jahr, kommen Sie mit den sehr günstigen Jahresverträgen nicht mehr hin. Sie benötigen dann Versicherungsschutz für die Einzelreise. Dieser Schutz kann je nach Reiseland und Reisedauer mehrere Hundert Euro kosten. Doch das ist immer noch besser, als womöglich auf Behandlungs- und Rückreisekosten von mehreren Tausend oder gar Zehntausend Euro sitzen zu bleiben.

### Wenn die Reise ausfallen muss
Im Urlaub Anspruch auf medizinische Versorgung zu haben, ist wichtig. Doch was, wenn die Grippe schon vor dem Abflug zuschlägt, wenn Sie wenige Tage vor Reisebeginn stürzen oder kurzfristig einen schwer verletzten Angehörigen betreuen müssen, sodass an den Urlaub nicht mehr zu denken ist? Enorme Stornokosten können dann auf Sie zukommen. Davor können Sie sich mit einer Reiserücktrittskostenversicherung schützen. Der Versicherer übernimmt etwa im Krankheitsfall die Stornogebühren komplett oder zahlt nach Abzug einer Selbstbeteiligung zumindest den Rest. Damit Sie auf der sicheren Seite sind, wenn sich die Grippe erst am Tag nach dem Abflug bemerkbar macht, sollten Sie einen Vertrag wählen, der auch Schutz für den Reiseabbruch bietet.

Sinnvoll ist zudem, dass Sie vor Vertragsabschluss nachsehen, bei welchen Anlässen neben Krankheit Sie noch Versicherungsschutz haben. Anlässe, die zur Versicherungsleistung führen, sind zum Beispiel Unfall, Tod oder große Schäden in der eigenen Wohnung, etwa nach Feuer oder Einbruch. Leistungen der Versicherung können Sie je nach Vertrag auch dann bekommen, wenn diese Ereignisse nicht Ihnen selbst oder einem Mitreisenden widerfahren sind, sondern Angehörigen wie Ehepartner, Kindern oder Enkeln, die zu Hause bleiben. Ein Blick ins Kleingedruckte kann im Ernstfall viel wert sein.

# Fürs Alter vorsorgen

Der Abschluss einer klassischen privaten Renten- oder einer Kapitallebensversicherung lohnt sich heute häufig nicht mehr. Wenn Sie bereits einen Vertrag haben, sollten Sie ihn aber möglichst behalten.

Rund 52,5 Milliarden Euro fließen jedes Jahr in Lebensversicherungen. Knapp 65 Millionen Verträge für Kapitallebensversicherungen und private Rentenversicherungen zählte der Gesamtverband der Deutschen Versicherungswirtschaft im Jahr 2018.

Vor allem die Kapitallebensversicherungen waren über viele Jahre eine gern und oft genutzte Möglichkeit, um eine größere Summe fürs Alter anzusparen. Viele dieser Verträge laufen immer noch. Besonders attraktiv war der Vertragsabschluss bis Ende 2004: Nicht nur, dass um die Jahrtausendwende die garantierte Verzinsung dieser Versicherung, die den Todesfallschutz mit Sparen kombiniert, mit um die 3 bis 4 Prozent noch deutlich höher war als heute. Hinzu kommt, dass bei Abschluss vor 2005 sämtliche Erträge steuerfrei sind. Bei späterem Abschluss ist das nur noch für höchstens die Hälfte der Erträge der Fall.

Auch die Versicherungen, mit denen sich Sparer eine sichere Privatrente fürs Alter ansparen können, fanden lange Zeit viele Freunde. Es gab und gibt verschiedene Varianten einer solchen privaten Rentenversicherung: Entweder zahlen die Versicherten über einen längeren Zeitraum im Berufsleben Geld ein, um dann als Rentner von den Auszahlungen zu profitieren. Oder sie zahlen einmalig, zum Beispiel kurz vor Rentenbeginn, eine große Summe ein, um quasi direkt ihre „Sofortrente" zu beziehen.

Mittlerweile haben solche Versicherungsverträge für die Altersvorsorge an Attraktivität verloren. Schritt für Schritt wurden die garantierten Zinsen für Neuverträge abgesenkt. Aktuell sind gerade mal noch 0,9 Prozent garantiert. Das Problem: Diese Verzinsung gibt es immer nur auf die „Sparbeiträge". Das ist das, was von den eingezahlten Beiträgen nach Abzug der Kosten für Abschluss, Verwaltung und eventuelle Zusatzleistungen wie einen Schutz bei Berufsunfähigkeit übrig bleibt. Und die Kosten sind bei diesen Verträgen häufig ziemlich hoch.

Für viele Vorsorgesparer stellt sich also die Frage, ob sich unter diesen Voraussetzungen der Abschluss eines neuen Vertrags überhaupt noch lohnt.

## Rentenversicherungen im Test

Wer heute auf der Suche nach einer privaten Rentenversicherung ist, wird auf Angebote stoßen, die unterschiedlich ausgestaltet sind. Auf der einen Seite gibt es die klassischen Verträge in der seit vielen Jahren bekannten Form – auch als „alte Klassik" bezeichnet. Das sind die Verträge mit der garantierten Verzinsung von mittlerweile nur noch 0,9 Prozent. Von dieser Mindestverzinsung sind viele Versicherer aber im Laufe der Zeit bereits ganz abgewichen und dazu übergegangen, nur noch Verträge ohne diese Garantieverzinsung anzubieten: Oftmals garantieren sie nur noch den Erhalt der eingezahlten Beiträge. Solche Angebote heißen dann bei den Versicherern „neue Klassik". Im Gegenzug für die fehlenden sicheren Zinsen bieten sie ihren Kunden an, sie stärker an ihren Überschüssen zu beteiligen. Die Höhe dieser Überschüsse ist aber nicht garantiert, sondern hängt davon ab, wie erfolgreich die Versicherer am Kapitalmarkt investieren. Wie das Vertragsguthaben später mal in eine Rente umgerechnet wird, das wollen die meisten Anbieter erst entscheiden, wenn es so weit ist. Den Sparern bleibt bei dieser Vertragsvariante somit nur, sich überraschen zu lassen, wie hoch ihre Rente dann zum Beispiel in 30 oder 40 Jahren ausfallen wird.

Finanztest hat Ende 2019 Angebote der „alten" und der „neuen Klassik" getestet. Bei beiden Varianten lohnt sich ein Neuabschluss kaum. Er kommt allenfalls für Selbstständige infrage, die eine lebenslange Basisvorsorge suchen. Nur drei von 22 Angeboten im Test wurden mit Gut bewertet: Europa, Interrisk und HanseMerkur. Die höchste Rente der Angebote im Test garantiert die Europa. Die drei „guten" Angebote gehören zu den Tarifen im Test, bei denen die garantierte Kapitalabfindung über den Einzahlungen liegen kann („alte Klassik").

## Es gibt Alternativen

Angesichts dieser Schwächen ist es umso wichtiger, sich gut zu überlegen, welche anderen Wege es gibt, um sich für das Alter regelmäßige Einnahmen zu sichern. Hier ein paar Alternativen:

→ **Gesetzliche Rente.** Sie sind mindestens 50 Jahre alt? Dann können freiwillige Sonderzahlungen an die gesetzliche Rentenversicherung eine lohnende Alternative zur Privatrente sein. In dem Fall zahlen Sie einmalig oder in mehreren Etappen Geld an die gesetzliche Rentenkasse und erhöhen so Ihre Altersrente.

Eigentlich sind freiwillige Sonderzahlungen dazu gedacht, dass Sie damit Abschläge auf die gesetzliche Rente ausgleichen, mit denen Sie bei vorzeitigem Rentenbeginn häufig rechnen müssen. Ab 50 dürfen Sie diese Sonderzahlungen leisten. Das heißt aber nicht, dass Sie tatsächlich vorzeitig in Rente gehen müssen. Denn trotz Sonderzahlung haben Sie das Recht, auf den vorzeitigen Rentenbeginn zu verzichten.

Arbeiten Sie doch so lange wie vom Gesetzgeber vorgesehen, wird das eingezahlte Geld also nicht als Ausgleich von Rentenabschlägen benötigt, sondern es erhöht sogar Ihre Rentenansprüche. Wie genau das funktioniert, wie viel Sie einzahlen können und dürfen, rechnet Ihnen die Deutsche Rentenversicherung aus. Vereinbaren Sie am besten einen kostenlosen Beratungstermin. Das ist über die Gratis-Hotline 0800 1000 4800 möglich.

→ **Riester-Vertrag.** Sie wünschen sich eine sichere Zusatzeinnahme im Alter? Ehe Sie sich für eine klassische private Rentenversicherung entscheiden, schauen Sie zunächst, ob eine staatlich geförderte Riester-Rentenversicherung infrage kommt. Mit der Riester-Versicherung haben Sie zumindest den Vorteil, dass Sie von staatlicher Förderung beim Sparen profitieren.

Als Riester-Sparer haben Sie Anspruch auf jährliche Zulagen und eventuell zusätzlich auf Steuervorteile. Bis zu 175 Euro jährlich stehen Ihnen als Sparer als Grundzulage zu. Für ab 2008 geborene Kinder können Sie bis zu 300 Euro jährlich bekommen, für früher geborene Kinder bis zu 185 Euro. Die vollen Zulagen erhalten Sie für 2020, wenn Sie mindestens 4 Prozent Ihres Bruttojahreseinkommens aus 2019 in Ihren Riester-Vertrag einzahlen. Je nach Einkommen und Einzahlung profitieren Sie eventuell zusätzlich von einem Steuervorteil, da das Finanzamt Ihre eigenen Riester-Beiträge sowie die staatlichen Zulagen bis 2 100 Euro im Jahr als Sonderausgaben anerkennt. Dadurch sparen Sie eventuell Steuern.

Vor allem dank der staatlichen Zulagen kann die Riester-Förderung zum Beispiel gerade für Eltern attraktiv sein. Allerdings gilt auch hier: Eine Rentenversicherung als Riester-Vertrag sollte nicht die erste Wahl sein.

Mit dem Vertragsabschluss sind zum Teil enorme Kosten verbunden, und auch hier ist die garantierte Verzinsung begrenzt – der maximale Garantiezins von 0,9 Prozent gilt auch hier. Eine günstigere Alternative ist zum Beispiel ein Riester-Fondssparplan. Dabei fließt das Geld der Sparer in Investmentfonds. Der Vertragsabschluss ist günstiger, außerdem besteht die Chance, deutlich höhere Renditen zu erzielen.

→ **Betriebliche Altersvorsorge.** Als Angestellter können Sie über den Betrieb vorsorgen und beispielsweise einen Teil des Gehalts in eine Direktversicherung oder einen Pensionsfonds zahlen. Dann profitieren Sie während der Ansparphase davon, dass Sie weniger Steuern und Sozialabgaben zahlen müssen. Bei Neuverträgen muss der Arbeitgeber Ihnen 15 Prozent zu Ihren Beiträgen dazugeben. Damit sich der Abschluss lohnt, sollte der Zuschuss aber noch höher sein.

→ **Rürup-Rente.** Zahlen Sie in einen Rürup-Vertrag – meist auch Rentenversicherungen – ein, können Sie mit Ihren Beiträgen eine Menge Steuern sparen. Denn Ihre Beiträge können Sie als Sonderausgaben in der Steuererklärung geltend machen. Der Abschluss lohnt sich im Normalfall aber nur für sehr gut verdienende Sparer, die viele Steuern sparen können. Hinzu kommt, dass Rürup-Sparer eher unflexibel sind, denn sie können den Vertrag nicht kündigen.

### Altersvorsorge ein Thema für sich

Die einzelnen Varianten der staatlich geförderten Altersvorsorge haben ihre Stärken und Schwächen. Es würde den Rahmen sprengen, in diesem Buch ausführlicher darauf einzugehen. Mehr dazu finden Sie im Ratgeber „Private Altersvorsorge", erhältlich unter test.de/shop. Aktuelle Testergebnisse können Sie auf test.de nachlesen.

## Versicherungen und Fonds kombinieren

Eine Alternative zum klassischen Lebens- oder Rentenversicherungsvertrag, bei dem die Versicherer das Geld der Kunden überwiegend in sichere Geldanlagen investieren, können fondsgebundene Versicherungen sein. Als die Stiftung Warentest diese Versicherungen vor einigen Jahren zuletzt untersucht hat, gab es allerdings nur wenige gute Angebote.

Entscheiden Sie sich für eine solche Fondspolice, fließt ein Großteil Ihrer Versicherungsbeiträge nicht in sichere Sparanlagen, sondern in Investmentfonds. Auf diese Weise können Sie mehr Rendite erwirtschaften, allerdings ist damit auch ein höheres Risiko verbunden, da mit den Fonds Verluste möglich sind.

So kann es Ihnen passieren, dass Sie am Ende der Vertragslaufzeit weniger aus dem Vertrag herausbekommen, als Sie eingezahlt haben. Dieses Risiko sollten Sie beim Abschluss einer fondsgebundenen Versicherung im Hinterkopf haben. Wenn Sie das nicht schreckt, empfiehlt es sich, einen Vertrag bei einem Direktversicherer abzuschließen, um die Vertragskosten so gering wie möglich zu halten.

Auch Riester-Rentenversicherungen gibt es als Fondspolice. Eine solche Riester-Fondspolice kann aber nur so gut sein wie die darin enthaltenen Fonds. Doch wissen Sie, wie gut Ihre Fonds tatsächlich sind? Um einen Überblick zu bekommen, hilft Ihnen der Riester-Optimierer der Stiftung Warentest, der laufend aktualisiert wird. Sie finden das Angebot unter test.de, Suchbegriff „Riester Fondspolice". So können Sie besser entscheiden, ob Sie Fonds austauschen wollen und welche dafür infrage kommen. Haben Sie den Überblick, rufen Sie beim Versicherer an und lassen Sie schlechte gegen bessere Fonds austauschen.

## Mit Fonds – ohne Versicherung

Ob als Riester-Sparer oder ohne Förderung: Flexibler sind Sie, wenn Sie ganz auf den Versicherungsmantel verzichten und direkt in Fonds investieren. Gerade, wenn Sie Ihr Geld auf lange Sicht anlegen wollen, ist das Fondsinvestment oft gut geeignet. Fonds – das bedeutet, dass viele Anleger Geld in einen gemeinsamen Topf einzahlen und von diesem Geld dann je nach Art des Fonds zum Beispiel Aktien oder Anleihen, auch Renten genannt, erworben werden.

Mit Ihrer Investition ist allerdings ein gewisses Risiko verbunden. Denn wenn etwa die Aktien, in die investiert wurde, an Wert verlieren, gilt das auch für Ihre Fondsanteile. Es wäre ungünstig, wenn Sie Ihre Anteile genau zu einem solchen Zeitpunkt wieder verkaufen müssten, weil Sie dringend Geld benötigen. Wir raten deshalb: Zahlen Sie etwa in Aktienfonds nur Geld ein, auf das Sie langfristig verzichten können – zum Beispiel, weil Sie es erst in zehn, 15 oder noch mehr Jahren benötigen.

## Bequem anlegen mit ETF

Eine bequeme und gut geeignete Art, um auf Dauer Geld anzusparen, sind Sparpläne auf börsengehandelte Indexfonds, die sogenannten ETF (Exchange Traded Funds). Um das Risiko für Ihre Investition so gering wie möglich zu halten, sollten Sie ETF wählen, die einen weltweiten Index abbilden, beispielsweise den MSCI World. Das ist ein Aktienindex, in dem rund 1 600 Unternehmen weltweit vertreten sind. Wählen Sie einen Sparplan auf einen ETF, können Sie beispielsweise mit monatlichen Beiträgen ab 25 oder 50 Euro Geld für später ansparen.

### Mehr zum Thema Fonds

Die Stiftung Warentest bewertet regelmäßig aktiv gemanagte Fonds und ETF. Zudem hat sie mit den sogenannten Pantoffel-Portfolios konkrete Depotvorschläge entwickelt, bei denen Anleger sowohl in ETF also auch in sichere Zinsanlagen investieren. Diese Vorschläge sind auch für Börsenneulinge geeignet. Mehr dazu lesen Sie unter test.de/pantoffel-portfolio. Passende Fonds finden Sie im Produktfinder unter test.de/fonds.

## Was tun mit laufenden Verträgen?

Sie sehen, es gibt einige Alternativen zum Neuabschluss einer Kapitallebens- oder einer Rentenversicherung. Doch was, wenn Sie schon vor Jahren einen solchen Versicherungsvertrag abgeschlossen haben? In diesem Fall dürfte Sie weniger der Neuabschluss interessieren, sondern eher die Frage: Was mache ich mit meinem laufenden Vertrag? Wenn die Versicherungen an Attraktivität verloren haben, wäre es dann nicht besser, bestehende Verträge einfach zu kündigen?

Nein, in der Regel ist das nicht die beste Lösung. Einen laufenden Vertrag sollten Sie, wenn Sie es sich finanziell leisten können, bis zum Ende der Laufzeit durchhalten. Kündigen Sie ihn vorzeitig, machen Sie in aller Regel Verlust. Die Alternative zur Kündigung wäre, den Vertrag beitragsfrei zu stellen. Dann zahlen Sie nichts mehr ein, Ihr Vertrag wird auf dem derzeitigen Stand eingefroren. Auf Ihr Geld samt Rendite müssen Sie bis zum Ende der Vertragslaufzeit warten. Je nachdem, wann der Vertrag beitragsfrei gestellt wird, sind allerdings auch bei dieser Variante Verluste möglich.

# Schritt 3:
# Verträge schließen, Sparchancen nutzen

Ihnen ist jetzt klar, welche Versicherungen Ihnen fehlen, welche überflüssig sind und wie Sie Ihre bisherigen Verträge sinnvoll aufbessern? Dann geht es nun um den letzten Schritt: darum, wie und wo Sie neue Versicherungen am besten abschließen, wie Sie Tarife optimieren, Altlasten loswerden und Verträge richtig kündigen. Am Ende sparen Sie Geld und haben genau den Schutz in der Tasche, der zu Ihnen passt.

Wichtig ist außerdem, dass Sie wissen, was im Schadensfall zu tun ist, denn sonst bekommen Sie vielleicht kein Geld. Auf den folgenden Seiten erfahren Sie, worauf es ankommt und wie Sie beim Streit mit dem Versicherer reagieren können.

# Vertreter, Makler oder online: Wohin zum Vertragsabschluss?

Versicherungen im Internet abzuschließen wird immer beliebter. Gerade bei komplexen Verträgen ist es jedoch hilfreich, einen persönlichen Ansprechpartner vor Ort zu haben.

Sie haben ein Auto gekauft? Selbst wenn Sie bisher nur wenig mit Versicherungen am Hut hatten – jetzt kommen Sie nicht mehr an diesem Thema vorbei. Denn Ihr Auto können Sie nur bei der Zulassungsstelle anmelden, wenn Sie eine eVB-Nummer haben, die „elektronische Versicherungsbestätigung". Diese Nummer erhalten Sie direkt bei einem Versicherer, der damit bestätigt, dass er die gesetzlich vorgeschriebene Kfz-Haftpflichtversicherung für Sie übernimmt.

Doch zu wem gehen Sie, um den Versicherungsschutz zu bekommen? Wählen Sie den traditionellen Weg und suchen sich einen Versicherungsvermittler vor Ort, zum Beispiel einen Makler, der Produkte mehrerer Gesellschaften vertreibt, oder einen Vertreter, der nur die Produkte einer Gesellschaft vermittelt? Oder entscheiden Sie sich fürs Internet, schauen sich zum Beispiel online bei einzelnen Versicherern nach Angeboten für Ihr Fahrzeug um oder nutzen Vergleichsportale, die selbst oder deren Tochterunternehmen Makler sind?

Gerade am Beispiel der Autoversicherung zeigt sich, wie vielfältig die Wege sind, um zum passenden Schutz zu kommen. Der Online-Abschluss wird dabei immer beliebter: Eine Umfrage des Digitalverbandes Bitkom hat 2019 ergeben, dass immerhin ein Drittel der Befragten, die eine Autoversicherung haben, ihren letzten Vertrag online abgeschlossen haben.

Dass gerade bei der Kfz-Versicherung der Online-Abschluss immer attraktiver wird, bestätigt auch die Vertriebswegestatistik, die der Gesamtverband der Deutschen Versicherungswirtschaft (GDV) einmal jährlich veröffentlicht. Für 2018 heißt es dort, dass der Direktvertrieb über das Internet mittlerweile rund ein Fünftel des Neugeschäftsvolumens ausmacht.

## Nicht alles läuft online

Doch was für die Autoversicherung passt, kommt längst nicht für alle Arten von Versicherungen infrage. So hat die Befragung im Auftrag von Bitkom 2019 ergeben, dass etwa die Zahlen der Online-Abschlüsse für eine Berufsunfähigkeitsversicherung mit 11 Prozent und für eine Hausratversicherung mit 7 Prozent deutlich niedriger liegen.

Diese Zahlen zeigen, dass der Online-Abschluss zwar mittlerweile einen gewissen Stellenwert erreicht hat, dass aber noch immer die Abschlüsse im direkten Kundenkontakt die große Mehrheit bilden. Gründe dafür gibt es viele. Es fällt sicher leichter, im Internet Angaben zu einem neuen Fahrzeug zu machen, als etwa Fragen zur eigenen Gesundheit zu beantworten, was für den Abschluss einer Berufsunfähigkeits- oder privaten Krankenversicherung notwendig ist. Und: Gerade der Abschluss solcher Versicherungen ist äußerst komplex und wirft für viele Kunden Fragen auf: Wie genau sind die Bedingungen, wann leistet der Versicherer, wann nicht? Wo lauern Tücken? Bei komplexen Vertragsbedingungen ist es hilfreich, einen persönlichen Ansprechpartner zu haben, der zum Beispiel auch im Schadensfall unterstützen und weiterhelfen kann.

## „Bei Fragen wenden Sie sich gerne an mich"

Solche Ansprechpartner in Versicherungsfragen sind zum Beispiel Einfirmenvertreter. Sie haben ihr Büro bei Ihnen im Ort oder in einer Nachbarstadt und bieten die Versicherungsprodukte einer einzigen Gesellschaft an. Es gibt auch Vertreter, die für zwei Anbieter tätig sind. Beim Abschluss eines Vertrags und für die Bestandspflege erhalten sie vom Versicherer eine Provision. Das gilt auch für Mehrfachagenten, die mit einigen wenigen Versicherern zusammenarbeiten.

Eine Alternative ist, dass Sie vor Ort einen Versicherungsmakler suchen. Makler arbeiten stets mit vielen Gesellschaften zusammen und halten so eine große Auswahl an Angeboten bereit. Sie ermitteln im Auftrag des Kunden ein günstiges Angebot und vermitteln den Vertrag. Dafür erhalten sie Geld vom Versicherer, die Courtage. Im Regelfall verwalten sie im Rahmen eines Maklervertrags verschiedene Versicherungen des Kunden und optimieren sie, wenn nötig.

Einfirmenvertreter und Versicherungsmakler fallen unter den Oberbegriff „Versicherungsvermittler": Sie stehen als verbindendes Glied zwischen Versicherungsunternehmen und Kunden. Wer diese Tätigkeit ausüben will, benötigt eine Gewerbeerlaubnis von der Industrie- und Handelskammer. Versicherungsvermittler müssen ihre Qualifikation nachweisen und eine Berufshaftpflichtversicherung haben. Verletzen sie eine ihrer Beratungspflichten und stellt sich später heraus, dass sie einen Kunden falsch beraten haben – zum Beispiel, weil der vermittelte Versicherungsschutz nicht ausreicht –, kann der Kunde auf Schadenersatz klagen.

## Viele Wege führen zum Ziel

Gehen Sie den anderen Weg und entscheiden sich für einen Online-Vertragsabschluss, können Sie je nach Art der Versicherung und Angebot in der Regel einiges an Beiträgen sparen. Dafür nehmen Sie in Kauf, dass Sie keinen direkten Ansprechpartner vor Ort haben, sondern bei Fragen und Problemen nur per Telefon, Mail oder Chat Kontakt mit Ansprechpartnern aufnehmen können.

Um den gewünschten Versicherungsschutz online abzuschließen, können Sie direkt auf die Internetseite eines Versicherers gehen, den Sie sich vorher ausgeguckt haben, machen dort Angaben zum gewünschten Versicherungsschutz und erhalten anschließend den Vertrag.

## Check24, Verivox und Co

Über Online-Portale wie Check24, Verivox oder autoversicherung.de ist ebenfalls ein Vertragsabschluss möglich. Wenn Sie über das Internet Versicherungstarife vergleichen, sollten Sie sich darüber im Klaren sein, dass Online-Portale in der Regel gegen Provision Verträge zwischen Kunden und Anbieter vermitteln. Ein Vergleichsportal, das gleichzeitig Makler ist, verdient Geld über die Provisionen, die ihm ein Versicherer bei erfolgreichem Abschluss zahlt. Die Portale haben nicht unbedingt alle Versicherer und Tarife im Angebot, sodass Sie keinen kompletten Marktüberblick haben. Das sollten Sie vor Vertragsabschluss bedenken.

Um ihre Beratungspflicht zu erfüllen, fragen die Portale Wünsche und Bedarf über Eingabemasken ab und bieten dem Kunden viele Auswahlmöglichkeiten an. Anhand Ihrer persönlichen Daten – vor Abschluss der Autoversicherung machen Sie zum Beispiel Angaben zu Ihrem Fahrzeug, Ihrem Beruf und

Familienstand – wird ein Tarifvergleich vorgenommen. Daraufhin können Sie entscheiden, welches Angebot Ihnen zusagt. Verglichen werden neben den Preisen auch die jeweils enthaltenen Leistungen.

Haben Sie Ihre Wahl getroffen, können Sie direkt über das Portal Ihren Vertrag abschließen.

### Angebote vergleichen

Obwohl es etwas Mühe macht, lohnt es sich oftmals, wenn Sie sich gleich an mehreren Stellen in der digitalen und nicht digitalen Welt nach einem passenden Angebot umsehen. So steigern Sie Ihre Chancen, einen möglichst günstigen Vertrag zu bekommen. Außerdem spricht nichts dagegen, dass Sie Ihren bisherigen Autoversicherer einmal anrufen mit der Frage, ob und welche Möglichkeiten es noch gibt, den Beitrag zu senken – notfalls mit einem freundlichen Hinweis, dass Sie darüber nachdenken, eventuell zu wechseln.

Oder andersherum: Sie haben bisher viele Verträge, die über ein Versicherungsbüro laufen. Wenn Sie sich nun bei einem anderen Anbieter umsehen, ist dieser vielleicht besonders interessiert, Ihnen bei einem ersten neuen Vertragsabschluss ein besonders attraktives Angebot zu machen – umso mehr, wenn er die Chance sieht, dass Sie im Nachhinein auch andere Versicherungen bei ihm abschließen.

### Verwalten per Makler-App

Versicherungen online abzuschließen ist für manch einen nur der erste Schritt: Mittlerweile gibt es verschiedene Makler-Apps, die anbieten, all Ihre Versicherungen papierlos, kosten- und zeitsparend zu verwalten. Alles läuft über Smartphone, Tablet oder PC. Haben Sie die App heruntergeladen, müssen Sie sich mit Ihren persönlichen Daten registrieren. Mit Ihrer Erlaubnis holt der Betreiber der App dann Ihre Vertragsdaten beim Versicherungsunternehmen ein. Das Integrieren der bestehenden Verträge in die App kann einige Wochen dauern, danach sollten Sie aber in der App einen Überblick über all ihre Versicherungsverträge haben.

Wenn Sie Ihre Versicherungen digital verwalten lassen möchten, sollten Sie sich vorher gut überlegen, welche Leistungen Sie erwarten. Manche dieser Versicherungs-Apps lassen sich für die Verwaltung der Verträge nutzen, auch wenn Sie beim bisherigen Makler bleiben. Bei anderen Apps ist die Nutzung hingegen nur nach Erteilen der Makler-Vollmacht möglich. Die Makler-App ist dann für Sie zuständig, nicht mehr Ihr bisheriger Makler. In dem Fall können die Betreiber der App beispielsweise nach neuen Angeboten für Sie suchen. Per Chat oder telefonisch können Sie Fragen zu Ihren Verträgen stellen oder sich Hilfe im Schadensfall holen. Andere Apps bieten die Möglichkeit, dass die Kunden gemeinsam mit dem bisherigen Makler umziehen. Es gibt aber auch Apps, die nur einzelne Verträge als Makler betreuen. Letztere bieten dann allerdings keine Rundumbetreuung.

**Chance für informierte Kunden**
Finanztest hat in der Ausgabe 1/2020 Makler-Apps getestet. Das Ergebnis: Keine App ist gut. Die Beratungsqualität reicht von befriedigend bis mangelhaft. Eine App kommt allenfalls für gut informierte und online-affine Versicherungskunden infrage, die keinen oder kaum Beratungsbedarf haben und einen digitalen Makler für die Betreuung ihrer Verträge suchen.

**CHECKLISTE**

# Schritt für Schritt zum Vertragsabschluss

So bereiten Sie sich auf den Vertragsabschluss und ein Gespräch mit dem Versicherungsvermittler vor.

**1 Angebote:** Holen Sie mehrere Angebote zum Vergleich ein und schauen Sie sich die jeweiligen Tarifbedingungen genau an. Wenn Sie ein Online-Vergleichsportal für Ihren Vertragsabschluss nutzen, bedenken Sie, dass dort zwar eine breite Auswahl an Versicherern vertreten ist, aber längst nicht alle. Deshalb kann es sich lohnen, Abfragen bei mehreren Portalen zu machen.

**2 Beim Wunschversicherer bleiben:** Wenn Sie sich von vornherein auf einen Versicherer festlegen wollen, zum Beispiel, weil Sie dort bereits andere Versicherungen abgeschlossen haben, erkundigen Sie sich nach unterschiedlichen Tarifvarianten. Holen Sie dennoch Vergleichsangebote anderer Versicherer ein. Sie können ein Argument sein, um beim Wunschversicherer noch einen Rabatt auszuhandeln.

**3 Den Wunschtarif bekommen:** Sie wollen einen ganz bestimmten Tarif abschließen, zum Beispiel, weil er in den Finanztest-Untersuchungen als Testsieger ermittelt wurde? Eine Möglichkeit ist, dass Sie diesen Tarif direkt beim Versicherer online abschließen. Finden Sie den Wunschtarif nicht sofort auf der Homepage, haken Sie über die Hotline des Anbieters nach. Gehen Sie zum Abschluss zu einem Vertreter vor Ort, kann es sein, dass der Ihnen einen anderen, vielleicht etwas teureren Tarif anbietet. Wenn Ihnen weiterhin Ihr ursprünglicher Wunschtarif am passendsten erscheint, bleiben Sie standhaft.

**4 Nachfragen:** Verlassen Sie sich im Gespräch mit einem Versicherungsvermittler nicht blind auf dessen Informationen. Fragen Sie nach Nachteilen und Risiken eines Vertrags und nach Lücken im Schutz. Haken Sie nach, wenn Sie etwas nicht verstehen oder unsicher sind, ob eine gewünschte Leistung tatsächlich Bestandteil des angebotenen Tarifs ist.

**5 Angebote prüfen:** Egal ob online oder auf nicht digitalem Wege: Sie müssen sich nicht von jetzt auf gleich für eine Versicherung entscheiden. Verschaffen Sie sich einen Überblick über die genauen Tarifbedingungen. Wenn Sie Fragen haben, klären Sie diese im direkten Gespräch mit dem Vermittler. Lassen Sie sich die fraglichen Stellen in den Vertragsbedingungen erklären. Nehmen Sie die Unterlagen ruhig mit nach Hause und prüfen Sie die Angebote, zum Beispiel mithilfe unserer Checklisten im Formularteil.

**6 Protokoll prüfen:** Wenn Sie einen Versicherungsvertrag abschließen, ist der Vermittler dazu verpflichtet, Ihnen die Beratungsdokumentation zuzuschicken. Aus dem Protokoll geht hervor, was Sie mit dem Versicherungsvermittler besprochen haben – Ihre Wünsche und Bedürfnisse sowie seine Empfehlungen. Prüfen Sie dieses Protokoll sorgfältig, bevor der Vermittler es unterschreibt. Ändern Sie es, wenn etwas darinstehen sollte, was so nicht gesagt wurde. Unterschreiben Sie das Beratungsprotokoll erst, wenn Sie mit allen Punkten einverstanden sind.

# Einen neuen Vertrag schließen

Nehmen Sie sich Zeit für den Vertragsabschluss. Informieren Sie sich vorab, worauf Sie sich einlassen: welche Leistungen Ihnen zustehen, aber auch, welche Pflichten Sie haben.

Sie wissen, von wem Sie sich beraten lassen wollen, haben sich vielleicht schon einen passenden Tarif ausgesucht, etwa mithilfe der Testergebnisse der Stiftung Warentest? Bis zum Vertragsabschluss sind es nun noch ein paar Schritte.

Wenden Sie sich an einen Versicherungsvermittler, also etwa an einen Einfirmenvertreter oder an einen Makler, muss dieser einige Pflichten erfüllen – ganz gleich, ob im nicht digitalen Leben oder online. Aber auch für Sie als Kunde sind mit dem Vertragsabschluss einige Pflichten verbunden.

## Das gilt für die Vermittler

Ein Versicherungsvermittler muss den Kunden darüber informieren, für welche Gesellschaften er arbeitet und ob er ausschließlich für diese tätig ist. Auch Makler müssen Auskunft geben, wenn sie nicht für alle relevanten Versicherer Verträge vermitteln können.

Geht es dann konkret um den „Verkauf" einer Versicherung, sind Vermittler in der Pflicht, zunächst die Wünsche und Bedürfnisse des Kunden zu ermitteln und sich ein Bild über dessen persönliche Verhältnisse zu machen, zum Beispiel über Familiensituation, Haushaltseinkommen, Bauvorhaben, laufende Kredite und berufliche Perspektive. Dabei arbeiten sie jeweils unterschiedliche Fragenkataloge ab.

Um den persönlichen Bedarf zu ermitteln, kann auch die 2019 erstellte DIN-Norm zur Finanzanalyse für Privathaushalte zum Einsatz kommen, die mehrere Versicherer anwenden wollen.

Die Wünsche des Kunden und sein Versicherungsbedarf müssen schriftlich in einem Beratungsprotokoll festgehalten werden, ebenso die Empfehlung, die der Vermittler ihm daraufhin gegeben hat, inklusive Begründung. Das Protokoll muss dem Kunden vor Abschluss des Vertrags ausgehändigt werden. Es sei denn, Sie haben vorher schriftlich erklärt, dass Sie auf ein Protokoll verzichten. Das sollten Sie allerdings nicht tun, denn mit diesem Dokument dürfte es nach einer Falschberatung einfacher sein, Schadenersatz durchzusetzen.

Wenn der Versicherungsvermittler Ihnen nach der ersten Bestandsaufnahme zum Beispiel ein Angebot für eine Hausratversicherung unterbreitet, füllen Sie ein entsprechendes Antragsformular aus. Stimmt der Versicherer zu, gilt der Vertrag als geschlossen. Wenige Tage später werden Sie dann den Versicherungsschein, die Police, erhalten.

### Alle Unterlagen sorgfältig prüfen

Bevor der Vertrag zustande kommt, müssen Sie als Kunde sämtliche Unterlagen erhalten, mit deren Hilfe Sie sich ein umfassendes Bild von einem angebotenen Tarif machen können. Dazu gehören alle Vertragsbedingungen sowie ein Produktinformationsblatt, aus dem die entscheidenden Daten noch einmal in Kurzform hervorgehen. Nehmen Sie sich Zeit, diese Unterlagen zu prüfen, ehe Sie sich für die Versicherung entscheiden. Sie müssen nicht von jetzt auf gleich unterschreiben.

## Vertrag widerrufen

Sie haben eine Versicherung abgeschlossen, aber kurz danach kommen Ihnen Zweifel: War das wirklich nötig? War das die beste Wahl? Keine Angst: Sie haben noch einen kleinen Puffer, um alles rückgängig zu machen, indem Sie den Vertrag widerrufen.

Die meisten Versicherungsverträge können Sie innerhalb einer Frist von 14 Tagen widerrufen, bei einer Renten- oder Lebensversicherung gilt eine Frist von 30 Tagen. Achtung: Die Frist startet an dem Tag, an dem Ihnen sämtliche Unterlagen für Ihren Vertrag zugegangen sind. Dazu zählen neben den Vertragsbedingungen und dem Produktinformationsblatt auch der Versicherungsschein (Police) sowie die Widerrufsbelehrung.

Wenn Sie noch innerhalb der Frist sind, formulieren Sie den Widerruf schriftlich und senden Sie ihn sicherheitshalber per Einschreiben, sodass Sie den Versand belegen können.

## Als Kunde in der Pflicht

Rund um den Vertragsabschluss muss aber nicht nur der Versicherungsvermittler einige Pflichten erfüllen – auch Sie als Kunde haben Ihre Pflichten, die sogenannten Obliegenheiten. Mit diesen werden Sie zum ersten Mal konfrontiert, wenn entscheidende Daten für den Versicherungsschutz abgefragt werden: Fragt der Versicherungsvermittler etwa nach Ihren Vorerkrankungen in den letzten fünf Jahren oder sollen Sie in die Abfragemaske im Internet eingeben, wie viele Kilometer Sie jährlich mit Ihrem Pkw fahren, sollten Sie unbedingt korrekte Angaben machen. Versuchen Sie nicht, durch Schummelei oder fehlende Angaben günstigeren Schutz zu bekommen – kommt das irgendwann raus, kann es für Sie deutlich teurer werden.

**AUSFÜLLHINWEIS**

### Formular K Musterschreiben Widerruf

Im Formularteil finden Sie ein Musterschreiben für den Widerruf eines Versicherungsvertrags. Entscheidend ist nicht, wann das Schreiben beim Versicherungsunternehmen eingeht, sondern dass Sie es innerhalb der Frist absenden. Gehen Sie den Weg per Post zur Sicherheit auch, wenn Sie den Vertrag online abgeschlossen haben und nicht sicher sind, ob je nach Vertragsbedingungen der Widerruf per Mail ausreicht.

Das Beantworten von Fragen, etwa zu Ihrem Gesundheitszustand, gehört zu Ihren vorvertraglichen Anzeigepflichten. Je nach Art der Versicherung sind die Angaben zu Ihrem Fahrzeug, zu Ihrem Gesundheitszustand oder zum Wert Ihrer Wohnungseinrichtung nötig, damit das Versicherungsunternehmen einordnen kann, ob es bereit ist, die Absicherung eines bestimmten Risikos zu übernehmen. Diese Angaben werden für das Antragsformular abgefragt. Trägt ein Vermittler die Antworten für Sie ein, sollten Sie seine Eingaben sicherheitshalber überprüfen.

Wichtig ist, dass Sie vor allem bei den Gesundheitsfragen, die zum Beispiel für den Abschluss einer Kranken- oder Berufsunfähigkeitsversicherung nötig sind, sehr sorgfältig sind. Falls der Vermittler hier etwas Falsches für Sie eingetragen hat, haben Sie als Versicherter hinterher den Schaden. Wenn falsche Angaben gemacht werden oder Vorerkrankungen oder Beschwerden verschwiegen werden, riskieren Sie, dass der Versicherer sich zum Beispiel weigert, die Berufsunfähigkeitsrente zu zahlen. Eventuell müssen Sie sogar Geld für erhaltene Leistungen zurückerstatten, wenn beispielsweise der private Krankenversicherer vom Vertrag zurücktritt.

# Laufende Verträge verbessern

Haben Sie einmal einen Versicherungsvertrag unterschrieben, sollte er nicht auf Dauer in einer Schublade verschwinden. Sie können und sollten Ihren Schutz im Laufe der Zeit optimieren.

Schauen Sie sich einmal Ihre derzeitigen Versicherungen und Kontodaten an: Zahlen Sie Ihre Beiträge monatlich, einmal im Quartal oder einmal im Jahr? Vielleicht liegt es Ihnen mehr, wenn die fälligen Beiträge monatlich, also in kleinen Häppchen eingezogen werden – dann vermeiden Sie, dass einmal im Jahr plötzlich ein großer Posten fällig wird oder sogar für mehrere Verträge gleichzeitig die kompletten Jahresprämien zu zahlen sind.

Allerdings ist die monatliche Zahlweise nicht die günstigste: Wenn Sie Ihren Vertrag auf jährliche Zahlung umstellen und den Beitrag für das kommende Versicherungsjahr im Voraus zahlen, erhalten Sie Rabatt. Je nach Versicherungsart sind etwa 5 bis 10 Prozent Ersparnis möglich.

Hinzu kommt, dass es durch die jährliche Zahlung eventuell leichter wird, Ihre Versicherungsausgaben im Blick zu behalten. Wenn Sie etwa eine monatliche Abbuchung von 25 oder 30 Euro für eine Versicherung haben, rutscht dieser Posten im Alltag zwischen den deutlich höheren Abbuchungen wie für Miete oder Kinderbetreuung vielleicht eher mit durch, da er unter der persönlichen Schmerzgrenze bleibt. Wenn Sie hingegen am Jahresende sehen, dass Sie auf einen Schlag zum Beispiel 350 Euro für eine private Unfallversicherung zahlen sollen, kommen Sie eventuell ins Grübeln: Muss das so teuer sein?

Die Antwort wäre in diesem Fall: Nein, es geht günstiger! Sie können eine private Unfallversicherung mit guten Bedingungen schon ab unter 100 Euro Jahresbeitrag bekommen. Die Umstellung hat somit nicht nur einen finanziellen Vorteil in Form von Rabatt, sondern kann auch für einen besseren Überblick sorgen.

**Vertrag ändern lassen**

Sprechen Sie Ihren Versicherer an, wenn Sie auf jährliche Zahlung umstellen wollen. Das sollte problemlos möglich sein. Sie müssen auch keine Angst haben, wenn Sie den Vertrag dann im Laufe des Versicherungsjahres kündigen wollen, zum Beispiel nach einem Schadensfall. Die noch nicht verbrauchten Beiträge werden anteilig erstattet.

## Leistungen zukaufen, abspecken, tauschen

Weiteres Sparpotenzial ist möglich, wenn Sie an den Vertragsbedingungen drehen und zum Beispiel aus einer laufenden Risikolebens- oder Unfallversicherung die Dynamik entfernen lassen. Dynamik heißt, dass die Versicherungssumme jedes Jahr zum Beispiel um 5 Prozent steigt. Dadurch erhöht sich der Beitragssatz. Doch ist es wirklich nötig, dass etwa die vereinbarte Versicherungssumme in der Risikolebensversicherung jährlich steigt?

Vielleicht hat sich Ihre finanzielle Situation seit Vertragsabschluss geändert, Sie haben mittlerweile einen Großteil Ihres Immobiliendarlehens abgezahlt oder konnten durch einen besser bezahlten Job ein kleines zusätzliches Finanzpolster ansparen?

Eventuell benötigen Sie dann die Dynamik der vereinbarten Versicherungssumme gar nicht mehr.

Sparpotenzial bietet sich ebenfalls durch einen erhöhten Selbstbehalt. In einigen Verträgen ist eine Selbstbeteiligung im Schadensfall üblich, beispielsweise in der Kfz-Kaskoversicherung oder auch in der Rechtsschutzversicherung. Erklären Sie sich bereit, im Schadensfall einen höheren Selbstbehalt zu übernehmen, kann das Ihren Beitrag deutlich drücken.

Ein höherer Selbstbehalt kann beispielsweise auch in einer privaten Krankenversicherung vereinbart werden und Ihre monatliche Belastung senken. Dieser Schritt birgt allerdings durchaus das Risiko, dass Sie deutlich mehr zahlen. Bevor Sie sich dafür entscheiden, sollten Sie sich darüber klar sein, dass es kaum einen Weg zurück gibt. Selbst wenn Sie nach einiger Zeit feststellen, dass Sie finanziell doch wieder einen höheren Beitrag stemmen könnten und lieber wieder einen niedrigeren Selbstbehalt hätten, ist das nicht einfach so möglich. Der Versicherer wird dann eine erneute Gesundheitsprüfung verlangen und danach den fälligen Beitrag ermitteln.

Ähnlich ist es, wenn Sie zunächst aus finanziellen Gründen andere Leistungen abspecken, etwa beim Zahnersatz, und hinterher wieder zurück zum bisherigen Leistungsniveau wollen. Überlegen Sie sich also ganz genau, welchen Weg Sie einschlagen.

Mehr Leistungen sichern als zunächst vereinbart – das kann auch bei anderen Versicherungen schwierig werden. Wollen Sie zum Beispiel die Rente Ihrer Berufsunfähigkeitsversicherung erhöhen? Dann kommt es darauf an, welche Möglichkeiten Ihr Vertrag hinsichtlich einer Nachversicherung vorsieht. Je nach Tarif ist es möglich, die vereinbarte Rente zum Beispiel zu bestimmten Anlässen wie Hochzeit oder Geburt eines Kindes ohne eine erneute Gesundheitsprüfung zu erhöhen. Es gibt auch Tarife, in denen die Erhöhung ohne jeden Anlass möglich ist. Fehlt in Ihrem aktuellen Vertrag aber eine solche Nachversicherungsgarantie oder können Sie die Rente derzeit – ohne konkreten Anlass wie Hochzeit – auf diesem Weg nicht erhöhen, bleibt Ihnen die Möglichkeit, einen weiteren Vertrag beim gleichen oder einem neuen Versicherer abzuschließen. Sie müssen dann erneut Gesundheitsfragen beantworten.

Etwas einfacher ist es bei Sachversicherungen: Wenn Sie feststellen, dass beispielsweise die Versicherungssumme Ihrer Hausratversicherung nicht mehr hoch genug ist, können und sollten Sie den Versicherer direkt informieren, sodass er eine neue Versicherungssumme in den Vertrag aufnimmt. Sie erhalten dann eine abgeänderte Police – und müssen entsprechend mehr für Ihren Schutz zahlen.

Stellen Sie fest, dass Ihnen in Ihrer Haftpflichtversicherung wichtige Leistungen fehlen, klären Sie direkt mit dem Versicherer oder mit dem Vermittler vor Ort, ob und wie Sie solche Extras – beispielsweise die Übernahme von Schäden durch deliktunfähige Kinder – mit einschließen können. Das gilt auch bei neu hinzugekommenen Risiken beziehungsweise Gefahrenveränderungen, wenn Sie sich beispielsweise einen zweiten Hund anschaffen. Diese Änderungen müssen innerhalb bestimmter Fristen beim Versicherer angezeigt werden, der daraufhin die Beiträge neu kalkuliert.

Vielleicht hat der Versicherer einen alternativen Tarif, der dieses Extra beinhaltet. Oder schauen Sie sich nach anderen Angeboten am Markt um. Finden Sie einen passenden, günstigeren Tarif, können Sie den Vertrag dort abschließen und Ihren laufenden Schutz zum nächstmöglichen Termin kündigen.

# Richtig kündigen

Einmal Kunde, immer Kunde? Das muss nicht sein. Sie können auch aus Verträgen mit einer langen Laufzeit vorzeitig aussteigen. Einige Fristen sind dabei aber einzuhalten.

Ihr Versicherungs-Check in den Schritten 1 und 2 hat ergeben, dass Sie einen bestimmten Vertrag gar nicht mehr brauchen oder dass es Angebote mit deutlich besseren Konditionen gibt? Dann können Sie Ihren bisherigen Vertrag kündigen. Das klappt aber nicht immer von heute auf morgen. Und nicht in jedem Fall ist der direkte Ausstieg auch zu empfehlen.

## Ordentliche Kündigung

Sie können zahlreiche Verträge spätestens zum Ende der Vertragslaufzeit kündigen, eventuell auch schon früher. Ein Blick in die Vertragsunterlagen zeigt, welche Laufzeiten und Fristen gelten.

Für einige Versicherungen, etwa für die Kfz-Haftpflicht- und Kaskoversicherung sowie die Auslandsreise-Krankenversicherung, gilt eine Vertragslaufzeit von einem Jahr. Zum Ende dieser Zeit können Sie mit einer Frist von einem Monat kündigen. Läuft das Versicherungsjahr für Ihre Auslandsreise-Krankenversicherung beispielsweise am 31. August aus, muss die schriftliche Kündigung bis zum 31. Juli bei der Versicherungsgesellschaft vorliegen. Kündigen Sie nicht, läuft die Versicherung weiter wie bisher.

Je nach Vertrag kann das Versicherungsjahr auch mit dem Kalenderjahr übereinstimmen. Das ist beispielsweise in der Kfz-Versicherung häufig der Fall. Deshalb ist für den Wechsel der Kfz-Versicherung etwa in der Werbung oft vom „Stichtag 30. November" die Rede.

Wurde eine längere Laufzeit vereinbart, beispielsweise zehn Jahre für eine Wohngebäudeversicherung, haben Sie spätestens nach drei Jahren erstmals ein Kündigungsrecht, danach jährlich zum Ende jedes weiteren Versicherungsjahres.

## Regeln und Fristen je nach Art des Vertrags

Leider gelten nicht für alle Versicherungsarten dieselben Kündigungsfristen, was es zunächst etwas schwieriger macht, den Überblick zu bekommen, wann welcher Ausstieg möglich ist. So gilt beispielsweise für Hausrat-, Wohngebäude- oder Privathaftpflichtversicherung im Normalfall eine Kündigungsfrist von drei Monaten.

---

**AUSFÜLLHINWEIS**

**→ S. 139 Formulare L 1, L 2 und L 3 Musterbriefe Kündigung**

Im Formularteil finden Sie drei Musterschreiben für die Kündigung Ihrer Verträge. Die Musterbriefe können Sie je nach Situation nutzen, also beispielsweise, wenn Sie nach einem Schadensfall außerordentlich kündigen wollen oder wenn Sie ordentlich zum Ablauf des Versicherungsjahres aus Ihrem Vertrag ausscheiden möchten.

Wenn Sie pünktlich aus einem Vertrag aussteigen wollen, werfen Sie auch einen Blick auf das Formular A „Versicherungen im Überblick", um sicherzugehen dass Sie den Termin nicht verpassen, zu dem Sie je nach den Vertragsmodalitäten ordentlich kündigen können.

Wenn Sie eine private Krankenzusatzversicherung kündigen wollen, gilt im Normalfall ebenfalls eine Kündigungsfrist von drei Monaten zum Ende des Versicherungsjahres, allerdings frühestens zum Ablauf einer vereinbarten Vertragsdauer von maximal zwei Jahren.

Und wieder anders ist es beispielsweise bei Kapitallebensversicherungen. Hier heißt es in den Musterbedingungen des Gesamtverbands der Deutschen Versicherungswirtschaft (GDV), dass der Kunde seinen Vertrag „jederzeit zum Schluss der laufenden Versicherungsperiode" kündigen kann, also jeweils zum Ende eines Beitragszahlabschnitts. Zur Sicherheit sollten Sie aber immer in Ihre Vertragsunterlagen schauen, was in Ihrem Fall gilt.

## Keine Alternative zur Kündigung?

Bereiten Sie Ihre Kündigung gut vor. Dazu gehört im ersten Schritt, dass Sie sich überlegen, ob Sie komplett auf die jeweilige Versicherung verzichten oder ob Sie einen Vertrag bei einem anderen Anbieter abschließen wollen.

→ Wenn Sie sich von einer Versicherungsart komplett verabschieden und nicht zu einem anderen Anbieter wechseln wollen, kalkulieren Sie die möglichen Nachteile eines solchen Schritts ein. Beispiel Berufsunfähigkeitsversicherung: Ist Ihnen der derzeitige Schutz zu teuer, überlegen Sie, ob Sie wirklich komplett auf eine Absicherung verzichten wollen für den Fall, dass Sie nicht mehr berufstätig sein können. Oder Kapitallebensversicherung: Wollen Sie die Verluste in Kauf nehmen, die mit der Kündigung häufig verbunden sind? Eine Alternative wäre zum Beispiel eine Beitragsfreistellung.

→ Wenn es Ihnen um einen Wechsel zu einem anderen Anbieter geht, nehmen Sie sich vorab die Zeit, nach einem neuen Angebot zu suchen, und schließen Sie dort zum passenden Zeitpunkt die neue Versicherung ab. Planen Sie aber mögliche Nachteile eines Wechsels mit ein: Wenn Sie etwa eine neue Berufsunfähigkeitsversicherung abschließen wollen, führt das mittlerweile wohl höhere Alter in der Regel zu höheren Beiträgen. Inzwischen aufgetretene Erkrankungen können Risikoaufschläge oder sogar eine Ablehnung des Antrags bringen.

## Für einen sauberen Übergang sorgen

Vermeiden Sie möglichst, dass durch eine Kündigung Lücken im Schutz entstehen. Eine solche Lücke könnte beispielsweise in der Wohngebäudeversicherung ein enormes Risiko darstellen. Ist die Immobilie noch nicht abbezahlt, werden die Gläubiger der Kündigung des bestehenden Vertrags nur zustimmen, wenn Sie den neuen Schutz nachweisen.

Kompliziert kann es werden, wenn Sie den Versicherungsschutz von jemand anderem übernehmen – zum Beispiel, wenn Sie sich den Traum vom Eigenheim verwirklichen: Kaufen Sie eine bestehende Immobilie, übernehmen Sie zunächst den Versicherungsschutz mit, den der Vorbesitzer abgeschlossen hatte. Der neue Vertrag geht aber erst auf Sie über, wenn Sie im Grundbuch als Eigentümer eingetragen sind.

Diese Verzögerung kann ein Problem werden, wenn in dieser Zwischenzeit der nächste Versicherungsbeitrag fällig wird und nicht abschließend geklärt ist, wer diesen zahlt – Verkäufer und Käufer haften als Gesamtschuldner für die Prämie, die auf die Versicherungsperiode entfällt, in der der Käufer in den Vertrag eintritt.

Um nicht zu riskieren, dass der Versicherungsschutz aufgrund fehlender Beiträge verloren geht, vereinbaren Sie zur Sicherheit, dass Sie den Beitrag übernehmen, falls die nächste Zahlung vor der Überschreibung fällig wird. Informieren Sie darüber auch den Versicherer. In den vier Wochen nach dem Grundbucheintrag dürfen Sie den Versicherungsvertrag mit einer Frist von drei Monaten kündigen und den Anbieter wechseln.

## Außerordentliche Kündigung

In bestimmten Situationen müssen Sie nicht auf den Termin für eine reguläre Kündigung warten. Erhöht ein Versicherer die Beiträge für den vereinbarten Schutz, ohne dafür mehr Leistungen zu bieten, haben Sie ein außerordentliches Kündigungsrecht. Ihr Kündigungsschreiben muss spätestens einen Monat, nachdem der Versicherer die Beitragserhöhung angekündigt hat, beim Versicherungsunternehmen vorliegen. Die Kündigung wird wirksam zu dem Zeitpunkt, zu dem der höhere Beitrag fällig wäre.

Ein außerordentliches Kündigungsrecht haben Sie auch nach einem Schadensfall – ganz gleich, ob der Versicherer diesen Schaden reguliert oder nicht gezahlt hat. Falls Sie nach einem Schadensfall Ihr außerordentliches Kündigungsrecht nutzen, müssen Sie nicht fürchten, Geld an den Versicherer zurückzahlen zu müssen, das er vorher im Schadensfall gezahlt hatte.

Bei den Kündigungsfristen gilt hier zum Beispiel: Teilt Ihnen der Hausratversicherer mit, dass er einen Schaden nicht komplett übernehmen wird, dürfen Sie den Vertrag innerhalb eines Monats mit sofortiger Wirkung außerordentlich kündigen. Haben Sie zu Beginn des Versicherungsjahres bereits die Beiträge für das gesamte Jahr bezahlt, muss der Versicherer Ihnen das Geld anteilig zurückerstatten.

## Wie muss die Kündigung aussehen?

Einen Versicherungsvertrag müssen Sie immer schriftlich kündigen. Sie müssen die Kündigung selbst unterschreiben. Damit der Versicherer weiß, um welchen Vertrag es sich handelt, sollten Sie die Versicherungsscheinnummer mit in die Betreffzeile setzen. Kündigen Sie eine Versicherung ordentlich zum Ende der Vertragslaufzeit oder zum Ende des Versicherungsjahres, müssen Sie keine Begründung für Ihren Schritt nennen. Es reicht, wenn Sie auf die fristgerechte Kündigung zum jeweiligen Datum hinweisen.

Kündigen Sie einen Vertrag jedoch außerordentlich, geben Sie zusätzlich den Hintergrund an, zum Beispiel, dass Sie aufgrund der angekündigten Beitragserhöhung aus Ihrem Vertrag aussteigen wollen. Fordern Sie den Versicherer abschließend auf, Ihnen eine Kündigungsbestätigung zu schicken.

### Per Einschreiben

Sicherheitshalber schicken Sie Ihre Kündigung per Einschreiben mit Rückschein, damit Sie belegen können, dass Sie das Schreiben rechtzeitig auf den Weg gebracht haben. Das gilt auch, wenn Sie den Vertrag online oder über ein Portal abgeschlossen haben. Die Postadresse sollten Sie auf der Internetseite des Versicherers finden.

# Was tun im Schadensfall?

Die Zeit drängt, wenn Sie den Versicherer in Anspruch nehmen wollen. Melden Sie einen Schadensfall schnell und beachten Sie die Anweisungen des Versicherers.

Ob etwa nach einem Beinbruch beim Skifahren, einem Autounfall oder einem Rohrbruch: Wenn die Versicherung für Behandlungskosten oder Schäden zahlen soll, ist es wichtig, dass Sie sich an die Vertragsbedingungen halten. Eine wichtige Regel, die Sie beachten müssen: Melden Sie den Schaden zeitnah. Doch was genau heißt das?

## Keine Zeit verlieren

In den Vertragsbedingungen ist geregelt, wann ein Schadensfall zu melden ist. So heißt es etwa in den Vertragsbedingungen für eine Risiko- oder Kapitallebensversicherung häufig, dass der Tod des Versicherten „unverzüglich", ohne schuldhaftes Zögern, zu melden ist. Angehörige, die wissen, dass eine Lebensversicherung existiert, sollten den Versicherer deshalb wenn möglich innerhalb der ersten zwei Tage nach dem Tod des Versicherten in Kenntnis setzen.

Dazu reicht im ersten Schritt eine E-Mail oder ein Fax. Wichtig ist, dass Sie nachweisen können, dass Sie die Nachricht versendet haben. Im nächsten Schritt wird Ihnen der Versicherer mitteilen, welche Unterlagen er benötigt.

Es können auch andere Fristen in den Vertragsbedingungen genannt sein. So heißt es etwa in der privaten Unfallversicherung häufig ganz konkret, dass der Tod der versicherten Person „innerhalb von 48 Stunden" dem Versicherer zu melden ist. Das setzt Angehörige zeitlich unter Druck, sorgt aber gleichzeitig dafür, dass die üblichen Fragen rund um die Auszahlung der Versicherungssumme zügig geklärt werden. Davon profitieren dann auch die Betroffenen.

### Holen Sie sich Hilfe

Gerade nach einem Todesfall oder einem Unfall steht der Gedanke an die vorhandenen Versicherungen nicht an erster Stelle. Doch es geht nicht anders – Sie müssen Kontakt zum Versicherer aufnehmen, sonst kann es Probleme mit der Leistung geben. Holen Sie sich Unterstützung: Vielleicht kann ein Freund oder Verwandter bei diesen Formalitäten helfen. Bewahren Sie den Versicherungsordner so auf, dass Ihre Angehörigen problemlos darauf zugreifen können und die nötigen Formulare und Kontaktdaten schnell finden. Weitere Hilfestellungen, was im Trauerfall wann zu tun ist, bietet der Ratgeber „Schnelle Hilfe im Trauerfall", erhältlich unter test.de/shop.

## Schäden gering halten

Auch bei Sachschäden, etwa nach einem Sturm, empfiehlt es sich, keine Zeit zu verlieren, sondern den Versicherer schnell zu informieren. Warten Sie am besten nicht ein oder zwei Tage, sondern werden Sie möglichst zeitnah aktiv. Sie können den Schaden per Telefon melden, oft auch online oder per App. Oder Sie wenden sich an Ihren Versicherungsvertreter vor Ort.

Wenn Sie auf diesem Wege weitere Hinweise erhalten, wie Sie vorgehen sollen, ob Sie zum Beispiel alles unberührt lassen sollen, dann halten Sie sich daran. Sie haben allerdings eine Schadenminderungspflicht und sollten drohende Folgeschäden vermeiden. Das bedeutet, dass Sie zum Beispiel bei einem Wasserrohrbruch das Wasser abstellen müssen. Heben Sie kaputte Gegenstände auf und machen Sie Fotos.

Wollen Sie etwa nach einem Wasserschaden in der Wohnung alles selbst wieder herrichten, sprechen Sie vorab mit dem Versicherer. Er hat das Recht, einen Mitarbeiter oder Sachverständigen zu schicken, der den Schaden besichtigt. Schäden nach Einbruchdiebstahl, Vandalismus oder Raub müssen Sie sofort bei der Polizei anzeigen. Sind Kredit- oder Girokarten, Sparbücher oder andere sperrbare Urkunden abhandengekommen, lassen Sie diese umgehend sperren.

## Wenn es zum Streit mit dem Versicherer kommt

Im besten Fall läuft alles glatt: Sie wenden sich etwa nach einem Sturm direkt an Ihren Hausrat- und an Ihren Wohngebäudeversicherer, und Ihr Schaden wird kommentarlos und komplett erstattet. So läuft es allerdings leider nicht immer im Kontakt zwischen Versicherungsgesellschaft und Versicherungsnehmer. Es kann zum Streit kommen, zum Beispiel, wenn der Versicherer nicht den gesamten Schaden übernehmen will – oder gar nichts davon.

Der erste Schritt für Sie als Kunde wäre nun, im direkten Gespräch die Gründe zu klären und zu versuchen, den Versicherer vom Gegenteil zu überzeugen. Bleibt er bei seiner Entscheidung, sollten Sie sich Rat bei einem neutralen Versicherungsexperten holen. Ansprechpartner können zum Beispiel die Verbraucherzentralen sein. Alternativ können Sie auch Kontakt zu einem Rechtsanwalt aufnehmen, um auszuloten, ob und wie Sie gegen die Entscheidung vorgehen können.

Bevor Sie gegen den Versicherer klagen, bleibt jedoch ein für Sie als Verbraucher kostenloses Verfahren: Sie können sich an den Ombudsmann für Versicherungen wenden, um das Problem außergerichtlich zu klären. Für die meisten Fragen, die private Versicherungen und Versicherungsvermittler betreffen, ist der Versicherungsombudsmann Wilhelm Schluckebier mit seinen Mitarbeitern zuständig. Schluckebier hatte über viele Jahre verschiedene Posten an Gerichten und gehörte unter anderem von 2006 bis 2017 dem Ersten Senat des Bundesverfassungsgerichts an. Bei Streitereien im Bereich der privaten Krankenversicherung ist er außen vor. Hier ist der PKV-Ombudsmann Heinz Lanfermann Ansprechpartner.

Beim Versicherungsombudsmann können Kunden Streitfälle mit einem Wert bis zu 100 000 Euro prüfen lassen. Bis zu einer Höhe von 10 000 Euro ist die Entscheidung der Ombudsstelle verbindlich. Die Schlichtungsstelle für Streitigkeiten rund um die private Krankenversicherung kann dagegen keine verbindlichen Entscheidungen treffen, sondern hier werden Schlichtungsvorschläge ausgesprochen.

### Wenn es noch kein Gerichtsverfahren gibt

Die Ombudsleute treten nur ein, wenn in einem Streitfall noch kein Gerichtsverfahren anhängig ist. Informationen zum Ablauf des Ombudsverfahrens finden Sie online auf versicherungsombudsmann.de sowie auf pkv-ombudsmann.de. Dort erfahren Sie auch, welche Unterlagen Sie dafür einreichen müssen.

Beschwerden zu Versicherungen können Sie zudem bei der Bundesanstalt für Finanzdienstleistungsaufsicht (Bafin) kostenlos schriftlich einreichen. Die Bafin holt dann eine Stellungnahme des Versicherers ein, um zu prüfen, ob das Unternehmen gesetzliche Vorgaben und maßgebliche Urteile einhält. Mehr dazu finden Sie unter bafin.de, Rubrik „Verbraucher", Stichwort „Beschwerden und Ansprechpartner".

## Klage gegen Versicherer gut überlegen

Im letzten Schritt bleibt Ihnen die Möglichkeit, Ihren Streit mit dem Versicherungsunternehmen vor Gericht auszufechten. Diesen Weg sollten Sie allerdings mithilfe eines Anwalts sehr gut planen. Eine zivilrechtliche Klage gegen einen privaten Versicherer kann sich nicht nur über einen sehr langen Zeitraum hinziehen, sondern auch sehr teuer werden. Loten Sie deshalb unbedingt vorher Ihre Chancen aus: Lohnt es sich tatsächlich, diesen langwierigen Weg einzuschlagen?

## Einen Anwalt finden

Suchen Sie für Auseinandersetzungen mit dem Versicherer einen Anwalt, der auf solche Streitereien spezialisiert ist. Einen Fachanwalt, der im Versicherungsrecht zu Hause ist, finden Sie zum Beispiel über die Rechtsanwaltskammer in Ihrer Region oder über die Anwaltssuche auf der Seite des Deutschen Anwaltvereins, anwaltauskunft.de. Geht es um Auseinandersetzungen zu Versicherungen und gesundheitlichen Fragen, kommen Sie eventuell über Patientenverbände und Selbsthilfegruppen weiter.

# Service

# Fachbegriffe erklärt

**Alterungsrückstellung** Für Kunden in der privaten Krankenversicherung bilden die Versicherungsunternehmen Alterungsrückstellungen. Ein Teil der Beiträge von jüngeren Versicherten wird quasi für später angespart, damit ihre Beiträge nicht so stark steigen, wie sie es aufgrund der im Alter zunehmenden Gesundheitskosten eigentlich müssten. Wollen privat Versicherte ihren Versicherungsvertrag bei einem Anbieter kündigen und zu einem anderen Versicherer wechseln, haben sie das Problem, dass sie ihre Alterungsrückstellungen entweder gar nicht oder nur zum Teil mitnehmen können.

**Anwartschaftsversicherung** Besondere Leistung in der privaten Krankenversicherung. Benötigt ein Versicherter vorübergehend die Leistungen aus dem Vertrag nicht, sichert er sich mit der Anwartschaftsversicherung die Möglichkeit, zu einem späteren Zeitpunkt ohne erneute Gesundheitsprüfung wieder in den Vertrag einsteigen zu können.

**Beitragsfreistellung** Kann ein Versicherungsnehmer beispielsweise den Beitrag für eine private Rentenversicherung nicht mehr aufbringen, kann er den Vertrag beitragsfrei stellen lassen. In einem solchen Fall wird der Vertrag auf dem aktuellen Stand eingefroren.

**Beitragsrückgewähr** Vereinbarung zum Beispiel in der privaten Rentenversicherung. Stirbt die versicherte Person, können die Angehörigen zumindest einen Teil der eingezahlten Beiträge zurückbekommen.

**Beitragssatz** Bestimmter Anteil des Bruttoeinkommens des Versicherten, den er als Beitrag zu den einzelnen Zweigen der Sozialversicherung zahlen muss. Für die gesetzliche Krankenversicherung liegt der allgemeine Beitragssatz bei 14,6 Prozent. Zusätzlich dürfen die Krankenkassen aber von ihren Mitgliedern einkommensabhängige Zusatzbeiträge verlangen.

**Bezugsberechtigter** Die Person, die beispielsweise bei einer Risikolebensversicherung bestimmt wurde, die Todesfallleistung zu beziehen.

**Eintrittsalter** Das Alter, das der Versicherungsnehmer zu Beginn des Versicherungsschutzes hat. Je jünger er ist, desto größer ist zum Beispiel bei der privaten Krankenversicherung oder in der Berufsunfähigkeitsversicherung die Chance, für den Schutz niedrigere Beiträge zu zahlen.

**Endalter** Alter, bis zu dem der Schutz läuft, beispielsweise bei einer Berufsunfähigkeitsversicherung. Ist dieses Alter erreicht, endet der Vertrag automatisch.

**Ertragsanteil** Viele Renten aus privaten Versicherungen sind mit dem sogenannten Ertragsanteil steuerpflichtig. Die Höhe dieses Anteils richtet sich danach, in welchem Alter die Rente erstmals fließt. Eine lebenslange Rente aus einer privaten Rentenversicherung ist zum Beispiel zu 18 Prozent steuerpflichtig, wenn die Rente erstmals im Alter von 65 Jahren ausgezahlt wird. Für zeitlich befristete Renten wird anders gerechnet: Wenn etwa die private Berufsunfähigkeitsversicherung nur für sechs Jahre eine Rente zahlt, liegt der steuerpflichtige Ertragsanteil bei 7 Prozent.

**Erwerbsminderung** Bei Erwerbsminderung kann ein Anspruch auf eine gesetzliche Rente bestehen. Diese allein wird allerdings im Regelfall nicht ausreichen, um den bisherigen Lebensstandard zu sichern, sodass eine zusätzliche private Versicherung für den Verlust der Arbeitskraft sehr zu empfehlen ist. Eine gesetzliche Rente wegen voller Erwerbsminderung können Versicherte bekommen, wenn sie weniger als drei Stunden am Tag arbeiten können. Teilweise erwerbsgemindert ist, wer mehr als drei und weniger als sechs Stunden am Tag arbeiten kann.

**Gefahrerhöhung** Sie liegt aus Sicht der Versicherungsunternehmen vor, wenn sich die Umstände für den Versicherungsschutz so verändern, dass es wahrscheinlicher wird, dass ein Versicherungsfall eintritt oder ein Schaden größer ausfällt. Über eine solche Gefahrerhöhung muss der Versicherungsnehmer den Versicherer informieren, auch wenn er selbst keinen Einfluss darauf hat. Wenn etwa um das Mietshaus, in dem er lebt, ein Baugerüst aufgestellt wird, muss der Hausratversicherer das erfahren, da das Risiko eines Einbruchs steigt.

**Gliedertaxe** Sie bestimmt, welchen Grad der Invalidität ein privater Unfallversicherer für den Verlust der Funktionsfähigkeit eines Körperteils anerkennt. Davon hängt die Höhe der Leistung ab.

**GOÄ** Ist jemand privat krankenversichert, rechnen die Ärzte nach der „Gebührenordnung der Ärzte", GOÄ, ab. Diese Gebührenordnung sieht für jede Leistung eine Gebühr vor und erlaubt dem Arzt, sein Honorar je nach Schwierigkeit der Behandlung – ohne besondere Begründung – bis zum 2,3-Fachen des Einfachsatzes zu steigern. In den Vertragsbedingungen für eine private Krankenversicherung ist festgelegt, bis zu welchem Satz der Versicherer die Honorare erstattet. Finanztest empfiehlt, nur Tarife zu wählen, die Arzthonorare mindestens bis zum GOÄ-Höchstsatz (3,5-fach) erstatten.

**GOZ** Zahnärzte rechnen Ihre Leistungen nach der GOZ, der Gebührenordnung für Zahnärzte ab. Auch hier empfiehlt es sich, bei Abschluss der privaten Krankenversicherung darauf zu achten, dass die Honorare mindestens bis zum GOZ-Höchstsatz (3,5-fach) erstattet werden.

**Nachversicherungsgarantie** Der Kunde hat zum Beispiel in der Berufsunfähigkeitsversicherung die Möglichkeit, die vereinbarte Rente zu bestimmten Anlässen wie etwa bei Hochzeit oder bei der Geburt eines Kindes ohne erneute Gesundheitsprüfung aufzustocken. Je nach Tarif kann in den Bedingungen auch geregelt sein, dass eine Erhöhung der Rente ohne konkreten Anlass möglich ist.

**Obliegenheiten** Ein Versicherungsnehmer muss bestimmte Pflichten, die sich aus dem Versicherungsvertrag ergeben, erfüllen, damit der Versicherer im Schadensfall tatsächlich einspringt. Zu diesen sogenannten Obliegenheiten zählt zum Beispiel, den Schadensfall innerhalb einer bestimmten Frist zu melden oder auch schon bei Vertragsabschluss den Versicherer über bestimmte Risiken wie Vorerkrankungen zu informieren.

**Rentenfaktor** Faktor, mit dessen Hilfe die Höhe einer Rente aus einem privaten Versicherungsvertrag errechnet wird. Der Faktor, den das Versicherungsunternehmen zu Rentenbeginn ermittelt, gilt für die gesamte Zeit, in der die Rente gezahlt wird.

**Rentengarantiezeit** Vereinbart ein Versicherungsnehmer in der privaten Rentenversicherung eine Rentengarantiezeit von zum Beispiel 5, 10 oder 15 Jahren, ist gewährleistet, dass die vereinbarte Rente auch tatsächlich so lange fließt, selbst wenn der Versicherungsnehmer vor Ablauf dieser Frist stirbt. In dem Fall fließt die Rente an seine Angehörigen weiter.

**Risikoprüfung** Das Versicherungsunternehmen will vor Vertragsabschluss wissen, wie hoch das Risiko ist, dass tatsächlich ein Versicherungsfall eintritt. Deshalb fragt es zum Beispiel vor Abschluss einer Risikolebensversicherung, ob der Kunde raucht. Den Antragstellern ist unbedingt zu empfehlen, diese Fragen möglichst genau und richtig zu beantworten. Stellt sich im Schadensfall heraus, dass sie falsche Angaben gemacht haben, zahlt der Versicherer womöglich nicht. Bei absichtlichen Falschangaben kann der Versicherer vom Vertrag zurücktreten, und unter Umständen muss der Kunde die bis dahin erhaltenen Leistungen zurückerstatten.

**Rückkaufswert** Kündigt ein Versicherungsnehmer zum Beispiel eine private Rentenversicherung oder eine Kapitallebensversicherung, ist der Rückkaufswert der Wert, den der Versicherer ihm dann auszahlt.

**Überschussbeteiligung** Der Versicherer ist verpflichtet, Kunden, die eine Lebens- oder Rentenversicherung abgeschlossen haben, finanziell an seinen Anlageerfolgen am Kapitalmarkt zu beteiligen. Diese Überschussbeteiligung ist aber nicht garantiert.

**Unterversicherung** In bestimmten Versicherungspolicen, zum Beispiel in der Hausratversicherung, besteht die Gefahr, dass der Kunde eine zu niedrige Versicherungssumme vereinbart. Das kann zur Folge haben, dass das Versicherungsunternehmen im Schadensfall nicht den kompletten Schaden erstattet.

**Versicherungsnehmer** Er ist Vertragspartner des Versicherungsunternehmens, der den Schutz einer Versicherung in Anspruch nimmt. Der Versicherungsnehmer ist verpflichtet, die Beiträge für diesen Schutz zu leisten. Es ist aber nicht zwingend so, dass der Versicherungsnehmer auch die zu versichernde Person ist. Etwa in der Kranken- oder Unfallversicherung kann es auch anders sein: Möglich ist zum Beispiel, dass Eltern solche Verträge als Versicherungsnehmer für ihr Kind – die versicherte Person – abschließen.

**Verweisung** Bei der Berufsunfähigkeitsversicherung kann sich der Versicherer das Recht vorbehalten, den Kunden bei Berufsunfähigkeit auf einen anderen Beruf zu verweisen. Achten Sie darauf, dass der Versicherer in seinen Bedingungen ausdrücklich auf dieses Recht der abstrakten Verweisung verzichtet.

**Vorvertragliche Anzeigepflicht** Ein Versicherungsnehmer ist verpflichtet, vor Unterschrift eines Vertrags dem Versicherungsunternehmen sämtliche ihm bekannten Umstände zu nennen, die Einfluss auf das Eintreten eines Versicherungsfalls haben können.

**Wartezeit** Bei bestimmten Versicherungsverträgen kommt der Versicherer nicht vom ersten Tag nach der Unterschrift für Schäden auf, sondern er zahlt erst nach Ablauf einer vertraglich festgelegten Wartezeit.

**Widerruf** Nachdem der Kunde einen Versicherungsvertrag unterschrieben hat, hat er bei den meisten Versicherungen 14 Tage Zeit, ihn schriftlich zu widerrufen. Für Lebensversicherungen gilt eine Widerrufsfrist von 30 Tagen. Die Frist beginnt, sobald der Kunde sämtliche Vertragsunterlagen sowie eine ausreichende Widerrufsbelehrung erhalten hat.

# Register

## A
Abschleppdienst 66
Alkoholkonsum 50
„alte Klassik", private Rentenversicherung 70
Altersvorsorge 18, 70
–, betriebliche 72
Ansprechpartner 77
Anwaltverein 89
Assistance-Leistungen 51
Ausbildung 19
Ausbildungsversicherung 18
Ausland 29, 36, 67
Auslandsreise-Krankenversicherung 67
Außenversicherung 17
Automobilclub 66

## B
Bafin 88
Bauhelfer 25
Bauherrenhaftpflichtversicherung 25, 30, 60
Bauleistungsversicherung 25
Beamte 21
– Private Krankenversicherung 31, 38
Beihilfe 22, 32
Beitragserhöhung 86
Beitragsfreistellung 85
Beitragsrückgewähr 55
Beitragssatz
–, Krankenversicherung 34
–, Pflegeversicherung 34
Beratungsprotokoll 79, 80
Berufsgenossenschaft 48
Berufshaftpflichtversicherung 22
Berufsunfähigkeitsversicherung 20, 22, 42, 44
– Checkliste Formular G
Blitzschlag 58

## C
Check24 77
Chefarztbehandlung 36
Courtage 77

## D
Deliktfähigkeit 52
Deutsche Rentenversicherung 71
DIN-Norm 17, 80
Dread-Disease-Versicherung 46

## E
E-Bike 30, 58, 64
Ehe 23
Eigenheim 24, 59
Eigentumswohnung 59
Einbruchdiebstahl 56
Einjahresregel 63
Elementarschadenversicherung 60
Elementarschutz 59
Elternzeit 53
Erbfall 54
Erbschaftsteuer 53
Erwerbsminderungsrente 22, 42
Erwerbsunfähigkeitsversicherung 46
E-Scooter 29, 64
ETF 73
eVB-Nummer 76

## F
Fahrräder 58
Fahrradversicherung 58
Familie 24, 52
Familienversicherung 21, 54
Feuer 56
Feuerversicherung 25, 60
Fonds 72
Formularübersicht 96
Fotos 87
Freibetrag 34, 54
Funktionsinvaliditätsversicherung 47

## G
Gebührenordnung für Ärzte (GOÄ) 38
Gebührenordnung für Zahnärzte (GOZ) 38
Gepäck 17
Gerichtsverfahren 88
Gesundheitsprüfung 44
Gesundheitszustand 81
Gewässerschadenhaftpflichtversicherung 24, 30
Gliedertaxe 49
Grundfähigkeitsversicherung 46

## H
Hagel 56
Haus- und Grundbesitzerhaftpflichtversicherung 30
Haushaltshilfe 51
Hausratversicherung 17, 20, 56
– Checkliste Formular I
– Bewertung Hausrat Onlineformular I 2
Heilpraktiker 36
Hochwasser 60
Hundehalter 29

## I
Immobilien 24
Invaliditätsgrad 49

## K
Kapitallebensversicherung 70
Kaskoschutz 66
Kfz-Haftpflichtversicherung 22, 65
Kinderinvaliditätsversicherung 55
Kinderunfallversicherung 55
Klage 89
Krankenkasse 34,
– Checkliste Formular F
Krankentagegeld 22
Krankenversicherung 31
– für Angestellte 31
– für Beamte 31, 38
– für Kinder 32
– für Rentner 32
– für Selbstständige 22, 32, 38
– für Studierende 21
–, gesetzliche 35
–, private 32, 37, Formulare F und F 2
Krankheit 31
Kündigung 84, Formulare L 1, L 2 und L 3
Kündigungsfristen 84
Künstlersozialkasse 34
künstliche Befruchtung 35

## L
Lebensmittelpunkt 20
Leistungskatalog 35

## M
Makler-App 78
Menü-Bringdienst 51
Mietrechtsschutz 63
Mietsachschäden 29
Möbel 56

## N

Nebenjobs 21
„neue Klassik", private Rentenversicherung 70

## O

Ölheizung 30
Ombudsleute 88
Online-Geschäftsstellen 35
Online-Portale 77
Online-Preisvergleich 78
Online-Vertragsabschluss 76

## P

Pantoffel-Portfolio 73
Partnerschaft 23, 54
Pfändungsfreigrenze 28
Pflege 31
Pflegebedürftigkeit 39
Pflegeberatung 40
Pflegedienst 39
Pflegegrad 39
Pflegekostenversicherung 41
Pflegesachleistungen 39
Pflegetagegeldversicherung 40
Pflegeversicherung 31, 39
Pflegezusatzversicherung 25
Polizei 88
Privathaftpflichtversicherung 20, 21, 28, 30, 52
– Checkliste Formular D
Produktinformationsblatt 81
Prozesskosten 62
Psychotherapie 44
Putzdienst 51

## R

Rechtsanwaltskammer 89
Rechtsschutzversicherung 61, 63
Rechtsstreitigkeiten 61
Reisegepäckversicherung 17
Reiserücktrittskostenversicherung 69
Reiseunfallversicherung 18
Rentenalter 25
Rentenanspruch 42
Renteninformation 45
Rentenversicherung
–, gesetzliche 42, 43
–, private 70
Restschuldversicherung 24
Riester-Rente 71
Risikolebensversicherung 23, 53
Rücktransport 67
Ruhestand 25
Rürup-Rente 72

## S

Sach- und Personenschäden 29
Schadenersatz 28
Schadensfall 87
Scheidung 24
Schlichtungsstelle 88
Selbstbehalt 83
Selbstständige 22, 30
Seniorentarife 25
Sofortrente 70
Sozialtarif 39
Sparpotenzial 83
Standardtarif 39
Steinschlag 65
Straßenverkehr 64
Streitigkeiten 88
Streitschlichtung 88
Studierende 21

## T

Teilkasko 65
Tierhalterhaftpflichtversicherung 29
Todesfall 87
Todesfallschutz 23

## U

Überschwemmung 61
Überspannungsschäden 58
Unfall 48
Unfallversicherung 47
– Checkliste Formular H
– für Kinder 51
– für Senioren 51
–, private 18, 48
Unternehmer 30

## V

Vergleichsangebote 79
Vergleichsportale 77
Verivox 77
Verkehrsrechtsschutz 61
Verkehrsunfall 61
Versicherungsbedarf 12, 19
– nach Lebenssituation 20
– Checklisten Formular C
Versicherungsberater 23
Versicherungs-Check, Übersichtstabelle Formular B
Versicherungsmakler 76
Versicherungspflichtgrenze 21, 31
Versicherungsplakette 64
Versicherungsschein 81
Versicherungsvermittler 77
Versicherungsvertreter 76
Vertragsabschluss 80
Vertragsbedingungen 29
Vertriebswegestatistik 76
Vollkasko 65
Vorerkrankungen 46

## W

Wartezeit 41
Wasserschaden 88
Wertsachen 17
WG-Zimmer 20, 56
Widerruf 81
– Widerrufsschreiben Formular K
Wildunfall 65
Wohngebäudeversicherung 59
– Checkliste Formular J

## Z

Zahnersatz 36
Zahnreinigung 35
Zusatzbeiträge 34
Zusatzversicherungen 36

**Die Stiftung Warentest** wurde 1964 auf Beschluss des Deutschen Bundestages gegründet, um dem Verbraucher durch vergleichende Tests von Waren und Dienstleistungen eine unabhängige und objektive Unterstützung zu bieten.

**Wir kaufen** – anonym im Handel, nehmen Dienstleistungen verdeckt in Anspruch.

**Wir testen** – mit wissenschaftlichen Methoden in unabhängigen Instituten nach unseren Vorgaben.

**Wir bewerten** – von sehr gut bis mangelhaft, ausschließlich auf Basis der objektivierten Untersuchungsergebnisse.

**Wir veröffentlichen** – anzeigenfrei in unseren Büchern, den Zeitschriften test und Finanztest und im Internet unter www.test.de

**Die Autorin:**

**Isabell Pohlmann** arbeitet freiberuflich als Journalistin für Finanz- und Verbraucherthemen. Sie schreibt regelmäßig für die Zeitschrift Finanztest und hat für die Stiftung Warentest zahlreiche Bücher verfasst, unter anderen die Ratgeber „Gut versichert", „Meine Rente", „Finanzplaner für Frauen" und „Finanzplaner 60 plus".

© 2020 Stiftung Warentest, Berlin

Stiftung Warentest
Lützowplatz 11–13
10785 Berlin
Telefon 0 30/26 31–0
Fax 0 30/26 31–25 25
www.test.de
email@stiftung-warentest.de

USt-IdNr.: DE136725570

**Vorstand:** Hubertus Primus
**Weitere Mitglieder der Geschäftsleitung:**
Dr. Holger Brackemann, Daniel Gläser

Alle veröffentlichten Beiträge sind urheberrechtlich geschützt. Die Reproduktion – ganz oder in Teilen – bedarf ungeachtet des Mediums der vorherigen schriftlichen Zustimmung des Verlags. Alle übrigen Rechte bleiben vorbehalten.

**Programmleitung:** Niclas Dewitz
**Autorin:** Isabell Pohlmann
**Projektleitung:** Ursula Rieth
**Lektorat:** Stefanie Barthold
**Mitarbeit im Lektorat:** Merit Niemeitz

**Fachliche Unterstützung:** Sabine Baierl-Johna, Claudia Bassarak, Beate Bextermöller, Birgit Brümmel, Annegret Jende, Karin Kuchelmeister, Susanne Meunier, Michael Nischalke, Dr. Cornelia Nowack, Theo Pischke, Holger Rohde, Michael Sittig, Ulrike Steckkönig, Simone Weidner, Eugénie Zobel
**Korrektorat:** Christoph Nettersheim
**Titelentwurf:** Phillip Hailperin, Berlin
**Layout:** Martina Römer
**Grafik, Satz:** Sylvia Heisler
**Bildnachweis:** René Reichelt/Finanztest (S. 12/13)

**Produktion:** Vera Göring
**Verlagsherstellung:** Rita Brosius (Ltg.), Romy Alig, Susanne Beeh
**Litho:** tiff.any, Berlin
**Druck:** pva, Druck und Medien-Dienstleistungen GmbH

**ISBN: 978-3-7471-0214-5**

Wir haben für dieses Buch 100 % Recyclingpapier und mineralölfreie Druckfarben verwendet. Stiftung Warentest druckt ausschließlich in Deutschland, weil hier hohe Umweltstandards gelten und kurze Transportwege für geringe $CO_2$-Emissionen sorgen. Auch die Weiterverarbeitung erfolgt ausschließlich in Deutschland.

# Formulare
## zum Heraustrennen

Seitenzahlen auf einem Kündigungsschreiben oder einem Widerruf, den Sie an die Versicherungsgesellschaft schicken, sind irritierend. Deshalb haben wir im Formularteil auf Seitenzahlen verzichtet. Damit Sie das gesuchte Formular trotzdem schnell finden können, haben wir die Reihenfolge alphabetisch gekennzeichnet.

**A** Versicherungen im Überblick

**B** Ihr Versicherungs-Check

**C** Checklisten: Der Versicherungsbedarf je nach Lebenssituation

**D** Checkliste: Privathaftpflichtversicherung

**E** Checkliste: Was bietet Ihre Krankenkasse?

**F** Checkliste: Private Krankenversicherung für Angestellte und Selbstständige

**G** Checkliste: Berufsunfähigkeitsversicherung

**H** Checkliste: Unfallversicherung

**I** Checkliste: Hausratversicherung

**J** Checkliste: Wohngebäudeversicherung

**K** Widerruf des Vertrags

**L 1** Kündigung des Vertrags

**L 2** Kündigung des Vertrags (Schadensfall)

**L 3** Kündigung des Vertrags (Beitragserhöhung)

**Service**
Alle Formulare können Sie auch kostenlos online ausfüllen. Sie finden sie unter
**test.de/formulare-versicherungen**

## Zusätzlich online

**F 2** Checkliste: Private Krankenversicherung für Beamte

**I 2** Bewertungsliste Hausrat

# Versicherungen im Überblick

Versicherungsnehmer: ....................

| Art der Versicherung | Gesellschaft | Tarif | Abschluss am | Versicherungsnummer | Beitrag im Jahr (Euro) bei Abschluss | Beitrag im Jahr (Euro) aktuell | Kündigung möglich zum | Kündigung schreiben bis |
|---|---|---|---|---|---|---|---|---|
| | | | | | | | | |
| | | | | | | | | |
| | | | | | | | | |
| | | | | | | | | |
| | | | | | | | | |
| | | | | | | | | |
| | | | | | | | | |
| | | | | | | | | |
| | | | | | Gesamt ▶ | Euro/Jahr | | |

# (A) VERSICHERUNGEN IM ÜBERBLICK, BLATT 2 VON 4

Ehe-/Lebenspartner: ....................

| Art der Versicherung | Gesellschaft | Tarif | Abschluss am | Versicherungsnummer | Beitrag im Jahr (Euro) bei Abschluss | Beitrag im Jahr (Euro) aktuell | Kündigung möglich zum | Kündigung schreiben bis |
|---|---|---|---|---|---|---|---|---|
| | | | | | | | | |
| | | | | | | | | |
| | | | | | | | | |
| | | | | | | | | |
| | | | | | | | | |
| | | | | | | | | |
| | | | | | | | | |
| | | | | | | | | |
| | | | | | | | | |
| | | | | Gesamt ▶ | | | Euro/Jahr | |

**(A) VERSICHERUNGEN IM ÜBERBLICK, BLATT 3 VON 4**

gemeinsame Verträge: ..................

| Art der Versicherung | Gesellschaft | Tarif | Abschluss am | Versicherungsnummer | Beitrag im Jahr (Euro) bei Abschluss | Beitrag im Jahr (Euro) aktuell | Kündigung möglich zum | Kündigung schreiben bis |
|---|---|---|---|---|---|---|---|---|
|  |  |  |  |  |  |  |  |  |
|  |  |  |  |  |  |  |  |  |
|  |  |  |  |  |  |  |  |  |
|  |  |  |  |  |  |  |  |  |
|  |  |  |  |  |  |  |  |  |
|  |  |  |  |  |  |  |  |  |
|  |  |  |  |  |  |  |  |  |
|  |  |  |  |  |  |  |  |  |
|  |  |  |  |  |  |  |  |  |
|  |  |  |  |  | Gesamt ▶ | Euro/Jahr |  |  |

# (A) VERSICHERUNGEN IM ÜBERBLICK, BLATT 4 VON 4

| Art der Versicherung | Gesellschaft | Tarif | Abschluss am | Versicherungsnummer | Beitrag im Jahr (Euro) bei Abschluss | Beitrag im Jahr (Euro) aktuell | Kündigung möglich zum | Kündigung schreiben bis |
|---|---|---|---|---|---|---|---|---|
| Kind/Kinder: ............ | | | | | | | | |
| | | | | | | | | |
| | | | | | | | | |
| | | | | | | | | |
| | | | | | | | | |
| | | | | | | | | |
| | | | | | Gesamt ▶ | | | |
| | | | | | Ausgaben Versicherung insgesamt ▶ | Euro/Jahr | Euro/Jahr | |

# Ihr Versicherungs-Check

Welche Versicherungen haben Sie, welche sollten Sie haben? Die folgende Tabelle gibt Ihnen einen Überblick, wer welchen Schutz benötigt: Welche Verträge sind unbedingt notwendig, welche sind sehr zu empfehlen und welche sind zumindest sinnvoll? Prüfen Sie anhand Ihrer eigenen Versicherungsunterlagen, in welchen Lebensbereichen Handlungsbedarf besteht und was Sie als „bereits erledigt" abhaken können.

| Versicherungen | Bedeutung | Wer braucht sie? | Habe ich | Prüfe ich |
|---|---|---|---|---|
| **Für Schadenersatzforderungen** | | | | |
| Privathaftpflicht | ••• | Jeder. Unverheiratete Kinder sind in der Regel bis zum Ende ihrer Ausbildung über den Vertrag der Eltern mitversichert. | ☐ | ☐ |
| Kfz-Haftpflicht | ••• | Kraftfahrzeughalter, sie ist Pflicht. | ☐ | ☐ |
| Tierhalterhaftpflicht | ••• | Hunde- und Pferdebesitzer, für Hundehalter in manchen Bundesländern Pflicht. | ☐ | ☐ |
| Gewässerschaden-Haftpflichtversicherung | ••• | Öltankbesitzer. | ☐ | ☐ |
| Bauherren-Haftpflicht | •• | Bauherren. | ☐ | ☐ |
| Haus- und Grundbesitzerhaftpflicht | •• | Eigentümer und Vermieter von Immobilien und von unbebauten Grundstücken. | ☐ | ☐ |
| **Für Krankheit und Pflegebedürftigkeit** | | | | |
| Gesetzliche Kranken- und Pflegeversicherung | ••• | Jeder, sie ist Pflicht, sofern sich jemand nicht privat krankenversichern kann oder einen anderen Anspruch auf Absicherung im Krankheitsfall hat (zum Beispiel freie Heilfürsorge). | ☐ | ☐ |
| Private Krankenvollversicherung und Pflegepflichtversicherung | ••• | Beamte, weil für sie die Privatversicherung meist günstiger ist als die gesetzliche. Für alle freiwillig gesetzlich Versicherten überlegenswert, wenn sie bessere Leistungen als die der gesetzlichen Kasse wünschen und bereit sind, dafür langfristig viel zu zahlen. | ☐ | ☐ |
| Krankentagegeldversicherung (Zusatzversicherung) | • | Gesetzlich versicherte Selbstständige und Angestellte mit hohen Einkommen oberhalb der Beitragsbemessungsgrenze. Angestellte sollten die Zahlung von Krankentagegeld erst ab dem Ende der Lohnfortzahlung vereinbaren. | ☐ | ☐ |
| Stationäre Zusatzversicherung | • | Gesetzlich Krankenversicherte, die im Krankenhaus Chefarztbehandlung und ein Ein- oder Zweibettzimmer wünschen. | ☐ | ☐ |
| Pflegezusatzversicherung | • | Jeder, um die Leistungen der Pflegeversicherung aufzustocken. | ☐ | ☐ |
| Zahnzusatzversicherung | • | Gesetzlich Krankenversicherte, die eine höherwertige Zahnversorgung wünschen, als sie die Kassen bieten. | ☐ | ☐ |
| Krankenhaustagegeld-Versicherung | × | Niemand. Der Verdienstausfall bei Krankenhausaufenthalt wird durch das Krankengeld der Kasse, bei Privatversicherten durch eine private Krankentagegeldversicherung (siehe oben) abgedeckt. | ☐ | ☐ |

••• = Unbedingt notwendig   •• = Sehr zu empfehlen   • = Sinnvoll   ○ = Mit Einschränkung sinnvoll   × = Überflüssig

## (B) IHR VERSICHERUNGS-CHECK, BLATT 2 VON 2

| Versicherungen | Bedeutung | Wer braucht sie? | Habe ich | Prüfe ich |
|---|---|---|---|---|
| **Für den Todesfall** | | | | |
| Risikolebensversicherung | ●● | Alle, die für andere sorgen. | ☐ | ☐ |
| Sterbegeldversicherung | × | Keiner. Sie ist zu teuer. Besser anders für die Beerdigung sparen. | ☐ | ☐ |
| **Für Berufsunfähigkeit und Invalidität** | | | | |
| Berufsunfähigkeitsversicherung | ●● | Jeder, der von seinem Arbeitseinkommen lebt. | ☐ | ☐ |
| Erwerbsunfähigkeitsversicherung | ●● | Alle, für die eine Berufsunfähigkeitsversicherung zu teuer ist oder die wegen ihres hohen Risikos zu erkranken keine bekommen. | ☐ | ☐ |
| Kinderinvaliditätsversicherung | ●● | Kinder und Jugendliche bis zum Ende ihrer Ausbildung. Anschließend Berufsunfähigkeitsschutz sichern. | ☐ | ☐ |
| Unfallversicherung/Senioren-Unfallversicherung | ● | Kinder und Jugendliche, die keine Kinderinvaliditätsversicherung haben. Erwachsene, wenn sie keine Berufs- oder Erwerbsunfähigkeitsversicherung erhalten. Eine Senioren-Unfallversicherung mit Hilfeleistungen ist sinnvoll für Ältere, die nach einem Unfall niemanden haben, der sich um sie kümmert. | ☐ | ☐ |
| **Zum Wohnen und Leben** | | | | |
| Wohngebäudeversicherung | ●● | Jeder Eigentümer eines Wohnhauses. | ☐ | ☐ |
| Hausratversicherung | ● | Haushalte, deren Hausrat einen höheren Wert erreicht. | ☐ | ☐ |
| Rechtsschutzversicherung (Verkehrsrechtsschutz siehe unten) | ○ | Selbstständige, Angestellte, Mieter, Privatleute je nach Rechtsschutzpaket. Preiswerteren Rechtsschutz bieten für spezielle Probleme oft Gewerkschaften (Arbeitsrecht) oder Vereine (Mietrecht). | ☐ | ☐ |
| **Für das Auto und Reisen** | | | | |
| Auslandsreise-Krankenversicherung | ●● | Kassenpatienten. Privatversicherte, wenn keine medizinisch notwendigen Rücktransporte aus dem Ausland enthalten sind. | ☐ | ☐ |
| Kfz-Vollkaskoversicherung | ● | Besitzer neuer Fahrzeuge. | ☐ | ☐ |
| Kfz-Teilkaskoversicherung | ● | Besitzer höherwertiger älterer Autos. Oft werden die Beiträge im Verhältnis zum Restwert des Autos nach einigen Jahren zu teuer. | ☐ | ☐ |
| Verkehrsrechtsschutzversicherung | ● | Jeder Verkehrsteilnehmer. | ☐ | ☐ |
| Reiserücktrittsversicherung | ● | Wer teure Pauschalreisen bucht, vor allem mit kleinen Kindern. | ☐ | ☐ |
| Autoschutzbrief | ○ | Autofahrer. Gibt es preisgünstig beim Kfz-Haftpflichtversicherer. | ☐ | ☐ |
| Insassenunfallversicherung | × | Niemand. Mitfahrende sind über die Kfz-Haftpflicht des Schadenverursachers versichert, Fahrer besser über eine Berufsunfähigkeits- oder Unfallversicherung. | ☐ | ☐ |

●●● = Unbedingt notwendig  ●● = Sehr zu empfehlen  ● = Sinnvoll  ○ = Mit Einschränkung sinnvoll  × = Überflüssig

# Checklisten: Der Versicherungsbedarf je nach Lebenssituation

An verschiedenen Stationen im Leben ändert sich der Versicherungsbedarf. Viele Verträge sind zumindest sinnvoll, andere sind unbedingt notwendig oder sehr zu empfehlen …

## … für Azubis

- [ ] Privathaftpflichtversicherung
- [ ] Kranken- und Pflegeversicherung
- [ ] Berufsunfähigkeitsversicherung
- [ ] Auslandsreise-Krankenversicherung
- [ ] Kfz-Haftpflichtversicherung für Autofahrer
- [ ] je nach Lebenssituation weitere Verträge, zum Beispiel eine Tierhalterhaftpflichtversicherung für Hundehalter

## … für Studenten

- [ ] Privathaftpflichtversicherung
- [ ] Kranken- und Pflegeversicherung
- [ ] Berufsunfähigkeitsversicherung
- [ ] Auslandsreise-Krankenversicherung
- [ ] Kfz-Haftpflichtversicherung für Autofahrer
- [ ] je nach Lebenssituation weitere Verträge, zum Beispiel eine Tierhalterhaftpflichtversicherung für Hundehalter

## … für Berufseinsteiger

- [ ] Privathaftpflichtversicherung
- [ ] Kranken- und Pflegeversicherung
- [ ] Berufsunfähigkeitsversicherung
- [ ] Kfz-Haftpflichtversicherung für Fahrzeughalter
- [ ] Auslandsreise-Krankenversicherung
- [ ] je nach Lebenssituation weitere Verträge, zum Beispiel Tierhalterhaftpflichtversicherung für Hundehalter oder eine Risikolebensversicherung, wenn ein Partner oder Kinder zu versorgen sind

## … für Selbstständige

- [ ] Privathaftpflichtversicherung
- [ ] Kranken- und Pflegeversicherung
- [ ] Private Krankentagegeldversicherung oder Wahltarif Krankengeld der gesetzlichen Kasse
- [ ] Berufsunfähigkeitsversicherung
- [ ] Kfz-Haftpflichtversicherung für Fahrzeughalter
- [ ] Auslandsreise-Krankenversicherung
- [ ] diverse Verträge zum Schutz des Betriebs und der betrieblichen Tätigkeit je nach Beruf, zum Beispiel Berufs- und Betriebshaftpflichtversicherung
- [ ] je nach Lebenssituation weitere Verträge, zum Beispiel Risikolebensversicherung, wenn ein Partner oder Kinder abzusichern sind, oder eine Wohngebäudeversicherung für die eigene Immobilie

## ... für Paare mit und ohne Trauschein

- ☐ Privathaftpflichtversicherung
- ☐ Kranken- und Pflegeversicherung
- ☐ Berufsunfähigkeitsversicherung
- ☐ Risikolebensversicherung
- ☐ Kfz-Versicherung für Fahrzeughalter
- ☐ Auslandsreise-Krankenversicherung
- ☐ je nach Lebenssituation weitere Verträge, zum Beispiel Wohngebäudeversicherung für die eigene Immobilie oder eine Tierhalterhaftpflichtversicherung für Hundehalter

## ... für Familien

- ☐ Privathaftpflichtversicherung
- ☐ Kranken- und Pflegeversicherung
- ☐ Berufsunfähigkeitsversicherung
- ☐ Risikolebensversicherung
- ☐ Kfz-Versicherung für Fahrzeughalter
- ☐ Auslandsreise-Krankenversicherung
- ☐ Kinderinvaliditätsversicherung
- ☐ je nach Lebenssituation weitere Verträge, zum Beispiel Wohngebäudeversicherung für die eigene Immobilie oder eine Tierhalterhaftpflichtversicherung für Hundehalter

## ... im Ruhestand

- ☐ Privathaftpflichtversicherung
- ☐ Kranken- und Pflegeversicherung
- ☐ Auslandsreise-Krankenversicherung
- ☐ Kfz-Versicherung für Fahrzeughalter
- ☐ je nach Lebenssituation weitere Verträge, zum Beispiel Wohngebäudeversicherung für die eigene Immobilie sowie weitere Haftpflichtverträge, etwa für Hundehalter

# Checkliste: Privathaftpflichtversicherung

Finanztest fordert von Haftpflichtversicherungen ein Mindestmaß an Leistungen. Wesentliche Haftungsfälle, die jeden treffen können, sollen gedeckt sein, ohne dass eine Selbstbeteiligung zu zahlen ist. Nur Tarife, die den Finanztest-Grundschutz bieten, haben in der jüngsten Untersuchung im Herbst 2019 die Urteile Gut oder Sehr gut erhalten. Nutzen Sie diese Checkliste, um selbst zu überprüfen, ob Ihr laufender Vertrag oder ein neues Angebot den Grundschutz erfüllt.

Versicherer: _____   Tarif: _____

☐ Ja  ☐ Nein

bis _____ Euro

### Versicherungssumme

Beträgt die Versicherungssumme bis zu 10 Millionen Euro oder mehr?

Die Versicherungssumme sollte mindestens 10 Millionen Euro pauschal für Personen- und Sachschäden betragen.

☐ Ja  ☐ Nein

bis _____ Euro

### Computer

Sind Schäden an fremden Computern mindestens bis 50 000 Euro mitversichert?

Schäden, die der Versicherte etwa durch unbeabsichtigt übertragene Computerviren verursacht, sollten zumindest bis zu einer Höhe von 50 000 Euro und weltweit versichert sein.

☐ Ja  ☐ Nein

### Hüten fremder Hunde und Pferde

Sind Schäden versichert, die entstehen, während der Versicherte auf einen fremden Hund oder ein fremdes Pferd aufpasst?

Der Versicherer soll in der Pflicht sein, wenn der Versicherte auf einen Hund egal welcher Rasse aufpasst. Der Grund: Beißt der Hund in dieser Zeit ein Kind, haftet der Hundesitter, selbst wenn er den Hund korrekt beaufsichtigt hat und ihn keine Schuld trifft. Versichert sein soll außerdem jeder, der gelegentlich reitet oder auf dem Ponyhof beispielsweise mal kurz das Pferd eines anderen halten soll. Denn er haftet, wenn es dabei ausbüxt und teure Schäden verursacht.

☐ Ja  ☐ Nein

### Gewässergefährdende Substanzen

Sind Schäden durch gewässergefährdende Substanzen versichert?

Versichert sein sollen stets Schäden durch gewässerschädigende Stoffe in haushaltsüblichen Mengen (mindestens bis zu 50 Liter/Kilogramm je Behälter und bis zu 250 Liter/Kilogramm insgesamt).

## Mietsachschäden

☐ Ja ☐ Nein

bis _____ Euro

Sind Mietsachschäden bis mindestens 500 000 Euro versichert?

Der Versicherte muss als Mieter einer Wohnung abgesichert sein. Der Schutz muss in der eigenen Mietwohnung genauso gelten wie in Schrebergärten, Ferienwohnungen und -häusern sowie anderen Immobilien, die der Versicherte berechtigt nutzt. Sachschäden sollten bis mindestens 500 000 Euro gedeckt sein. Glas- und Heizungsschäden sind ausgeschlossen.

## Schutz im Ausland

☐ Ja ☐ Nein

Besteht Schutz während eines vorübergehenden Auslandsaufenthalts mindestens drei Jahre innerhalb der Europäischen Union und ein Jahr weltweit?

Der gesamte Versicherungsschutz muss stets auch während eines vorübergehenden Auslandsaufenthalts gelten – mindestens drei Jahre innerhalb der Europäischen Union und ein Jahr weltweit. Auch das Mieten einer Ferienwohnung im Ausland gehört zum Finanztest-Grundschutz und sollte unbedingt abgesichert sein.

## Vorsorgeversicherung

☐ Ja ☐ Nein

bis _____ Euro

Sind Risiken versichert, die erst nach Abschluss des Vertrags entstehen, und zwar mit mindestens 3 Millionen Euro pauschal für Personen- und Sachschäden und 50 000 Euro für Vermögensschäden?

Risiken, die nach Abschluss des Vertrags entstehen, sollten zur Vorsorge im Rahmen der bestehenden Privathaftpflichtversicherung mit mindestens 3 Millionen Euro pauschal für Personen- und Sachschäden und 50 000 Euro für Vermögensschäden versichert sein. Ein neues Risiko, für das die Vorsorgeversicherung greifen soll, kann etwa eine neu erworbene Immobilie sein, für die eigentlich eine Haus- und Grundbesitzer-Haftpflichtpolice nötig ist. Entsteht ein Schaden, bevor die Familie die spezielle Eigentümerversicherung hat, springt über die Vorsorgeversicherung die Privathaftpflicht ein und zahlt.

# Checkliste: Was bietet Ihre Krankenkasse?

Diese Extra-Leistungen der gesetzlichen Kassen können je nach Lebenssituation besonders wichtig sein.

Krankenkasse: _____

## Familie mit Kindern

- [ ] Medizinische Hotline rund um die Uhr
- [ ] Haushaltshilfe bei schwerer Erkrankung (mit Kind)
- [ ] Ambulante homöopathische oder anthroposophische Behandlung
- [ ] Verordnete, nicht verschreibungspflichtige alternative Arzneimittel
- [ ] Kindervorsorge U10, U11, Jugendvorsorge J2
- [ ] Geldbonus für gesundheitsbewusstes Verhalten
- [ ] Erinnerungsservice für Kinderfrüherkennungsuntersuchungen
- [ ] Hautkrebsfrüherkennung auch schon für unter 35-Jährige
- [ ] Vorsorge für Erwachsene
- [ ] Kinderwunschbehandlung/künstliche Befruchtung

## Senioren oder chronisch Kranke

- [ ] Geschäftsstellen im gewählten Bundesland
- [ ] Beratung zu Hause
- [ ] Medizinische Hotline rund um die Uhr
- [ ] Vermittlung von Facharztterminen
- [ ] Ärztliche Zweitmeinung
- [ ] Häusliche Krankenpflege
- [ ] Haushaltshilfe bei schwerer Erkrankung auch ohne Kind
- [ ] Unterstützung bei der Wahl eines Krankenhauses

## Jung, gesund, wenig Geld, wenig Zeit

- [ ] Niedriger Beitragssatz
- [ ] Reiseimpfungen
- [ ] Hautkrebsfrüherkennung auch schon für unter 35-Jährige
- [ ] Zuschuss zur Zahnreinigung
- [ ] Günstigerer Zahnersatz bei bestimmten Ärzten
- [ ] Geldbonus für gesundheitsbewusstes Verhalten
- [ ] Zuschuss zu Gesundheitskursen
- [ ] Online-Geschäftsstelle
- [ ] Gute telefonische Erreichbarkeit

## Gesunder Lebensstil

- [ ] Ambulante homöopathische oder anthroposophische Behandlung
- [ ] Geldbonus für gesundheitsbewusstes Verhalten
- [ ] Zuschuss zu Gesundheitskursen
- [ ] Reiseimpfungen
- [ ] Hautkrebsfrüherkennung
- [ ] Verordnete, nicht verschreibungspflichtige alternative Arzneimittel
- [ ] Osteopathie

**(F) PRIVATE KRANKENVERSICHERUNG FÜR ANGESTELLTE UND SELBSTSTÄNDIGE**

# Checkliste Private Krankenversicherung für Angestellte und Selbstständige

Der Abschluss einer privaten Krankenversicherung ist häufig eine Entscheidung fürs Leben. Später den Versicherer zu wechseln, ist im Normalfall keine gute Idee – der Wechsel wäre mit enormen Kosten verbunden. Umso wichtiger ist es, dass Sie sich vor Vertragsabschluss oder vor einem Tarifwechsel bei Ihrem bisherigen Versicherer genau über die Leistungen und Bedingungen des Angebots informieren. Dabei helfen Ihnen die folgenden Fragen. Diese haben wir entweder um unsere Empfehlungen oder um Hinweise zum Markt ergänzt, die Ihnen die Einordnung der Ergebnisse erleichtern sollen. Wichtig: Diese Checkliste kann Ihnen für die Wahl Ihres privaten Krankenversicherungsschutzes nur eine erste Orientierung bieten. Sie ersetzt nicht ein persönliches Beratungsgespräch. (Stand 1. Januar 2020)

Versicherer: _____  Tarif: _____

### Ausgaben für den Schutz

Monatsbeitrag (Euro) _____

Maximales Kostenrisiko pro Monat (Euro) _____

Das maximale Kostenrisiko ist höher als der Monatsbeitrag, denn dabei wird der jährliche Selbstbehalt berücksichtigt, den Sie mit dem Versicherer eventuell vereinbaren. Um das maximale Kostenrisiko zu ermitteln, teilen Sie die Selbstbeteiligung (SB) durch 12 und addieren Sie das Ergebnis zum Monatsbeitrag.
**Beispiel:** 600 Euro SB / 12 = 50 Euro + 450 Euro Monatsbeitrag = 500 Euro. Angestellte rechnen mit dem halben Monatsbeitrag, weil ihr Arbeitgeber die andere Hälfte zahlt.

## Allgemeine Bedingungen

### 1. Selbstbeteiligung

a) Wie hoch ist die jährliche Selbstbeteiligung? _____ Euro

b) Für welche Leistungen gilt sie (zum Beispiel nur für Arzneimittel, für den ambulanten Bereich oder auch für Zahn- und Krankenhausleistungen)?

Selbstbeteiligung für _____

Für Selbstständige ist ein Tarif mit Selbstbeteiligung (SB) immer empfehlenswert, weil die Beiträge dafür in aller Regel günstiger sind als bei Tarifen ohne SB. Angestellte sollten nachrechnen, ob die Beitragsersparnis für sie höher ist als die Selbstbeteiligung. Grund: Der Arbeitgeber beteiligt sich fast nie an der Selbstbeteiligung, aber am Beitrag zur Hälfte.

### 2. Außereuropäische Reisen

a) Wie lange gilt der Schutz bei einem vorübergehenden Aufenthalt im außereuropäischen Ausland?

☐ _____ Monate  ☐ unbegrenzt

b) Verlängert sich der Schutz, wenn der Versicherte im Ausland erkrankt und die Rückreise nicht antreten kann, ohne seine Gesundheit zu gefährden?

☐ Ja  ☐ Nein  ☐ um _____ Monate  ☐ unbegrenzt

☐ Ja  ☐ Nein    c) Ist Auslandsrücktransport mitversichert?

Der Auslandsrücktransport ist sehr wichtig, weil eine Notfallversorgung ins Geld gehen kann. Wir empfehlen deshalb, diese Leistung auf jeden Fall abzuschließen. Das ist alternativ über eine zusätzliche Auslandsreise-Krankenversicherung preisgünstig möglich.

## Ambulanter Schutz

### 3. Arztrechnungen

☐ Ja  ☐ Nein    Wird mindestens bis zum Höchstsatz der Gebührenordnung für Ärzte (GOÄ) von 3,5 erstattet?

☐ Ja  ☐ Nein    Wird auch über den Höchstsatz hinaus erstattet?

Ärzte rechnen im Normalfall bis zum 2,3-fachen GOÄ-Satz (Regelhöchstsatz) ab, bei schwierigen Behandlungen auch bis zum Höchstsatz (3,5-fach). In seltenen Ausnahmefällen kann der Arzt mit dem Patienten ein noch höheres Honorar vereinbaren. Wir empfehlen eine Erstattung mindestens bis zum GOÄ-Höchstsatz (3,5).

### 4. Freie Arztwahl

☐ Ja  ☐ Nein    Erstattet der Versicherer das Arzthonorar auch dann vollständig, wenn Sie einen Facharzt direkt ohne Überweisung durch einen Allgemeinmediziner in Anspruch nehmen?

In sogenannten Primärarzttarifen wird das Arzthonorar zum Beispiel nur zu 70 oder 80 Prozent erstattet, wenn ein Facharzt direkt aufgesucht wird. Wir empfehlen Tarife ohne eine solche Einschränkung.

### 5. Arzneimittel

☐ Ja  ☐ Nein    Werden die Kosten für alle ärztlich verordneten Arzneimittel vollständig erstattet?

Folgende Einschränkungen: _____

In einigen Tarifen werden zum Beispiel nur 80 Prozent der Kosten erstattet, wenn ein Originalpräparat statt eines günstigeren Nachahmerpräparates (Generikum) in Anspruch genommen wird oder wenn das Arzneimittel nicht über den Versicherer bezogen wird.

### 6. Ambulante Psychotherapie

a) Wie viele Sitzungen im Jahr werden maximal bezahlt? Wie viele davon auch ohne vorherige Genehmigung?

Maximal im Jahr _____, davon ohne Genehmigung _____

b) In welcher Höhe werden die Kosten für ambulante Psychotherapie erstattet?
_____ Prozent

☐ Ja  ☐ Nein    c) Besteht ein Leistungsanspruch für ambulante Psychotherapie durch psychologische Psychotherapeuten sowie Kinder- und Jugendlichenpsychotherapeuten?

Wir empfehlen eine Erstattung von mindestens 50 Sitzungen im Jahr zu 70 Prozent sowohl durch Ärzte als auch durch psychologische Psychotherapeuten. Die Spanne für die maximale Anzahl liegt für aktuelle Tarife zwischen 20 und allen Sitzungen im Jahr und schließt die Behandlung durch psychologische Psychotherapeuten üblicherweise ein. In älteren Tarifen mit geschlechtsabhängigen Beiträgen (Bisex-Tarife) wird ambulante Psychotherapie oft nur dann erstattet, wenn Ärzte sie durchführen. In Ausnahmefällen ist dort gar keine Erstattung für ambulante Psychotherapie vorgesehen.

**(F) PRIVATE KRANKENVERSICHERUNG FÜR ANGESTELLTE UND SELBSTSTÄNDIGE, BLATT 3 VON 7**

## 7. Vorsorgeuntersuchungen

Werden Vorsorgeuntersuchungen nur im Umfang der gesetzlichen Krankenversicherung (GVK) bezahlt oder auch darüber hinaus?

☐ Im Umfang der GKV      ☐ Darüber hinaus, und zwar: _____

Teilweise verzichten die Versicherer auf die in der GKV vorgesehenen Zeitintervalle oder Altersvorgaben, oder sie erstatten zusätzliche Verfahren bis hin zu allen zur Früherkennung notwendigen Untersuchungen.

## 8. Heilmittel

Für welche Heilmittel wie Massagen oder Physiotherapie wird geleistet und in welchem Umfang?

_____
_____
_____

Wir empfehlen mindestens eine Erstattung von 75 Prozent für alle Formen der physikalischen Therapie (wie Krankengymnastik, Massagen, Bäder, Inhalationen), Logopädie (Stimm-, Sprech- und Sprachtherapie) und Ergotherapie (wie zum Beispiel Hirnleistungstraining nach einem Unfall oder Schlaganfall).

## 9. Sehhilfen

In welchem Umfang leistet der Versicherer für Sehhilfen wie Brillen und Kontaktlinsen?

Erstattung _____

Die Erstattung je Sehhilfe liegt zurzeit je nach Tarif zwischen 100 und 1 000 Euro. In einigen älteren Bisex-Tarifen werden gar keine Leistungen für Sehhilfen erstattet.

## 10. Hilfsmittel

Für welche Hilfsmittel, wie Hör- und Sprechgeräte, Rollstühle, Prothesen oder orthopädische Schuhe, wird geleistet und in welchem Umfang?

_____
_____
_____

Die Hilfsmittelaufstellung im Vertrag sollte nicht abschließend sein (offener Hilfsmittelkatalog), da es künftige Hilfsmittel geben kann, die heute noch nicht bekannt sind. Wir empfehlen außerdem mindestens eine Erstattung von 75 Prozent für technische Hilfsmittel (wie Hör- und Sprechgeräte) und Prothesen. Üblich und bei der Tarifauswahl ebenfalls zu beachten sind Erstattungsobergrenzen für bestimmte Hilfsmittel wie Hörgeräte. Besonders teure Hilfsmittel werden in manchen Tarifen nur dann voll erstattet, wenn diese über den Versicherer bezogen werden.

## 11. Heilpraktiker

☐ Ja  ☐ Nein   Werden die Kosten für Behandlungen durch Heilpraktiker erstattet?

Die meisten, aber nicht alle Tarife erstatten die Kosten für Heilpraktikerbehandlungen.

## 12. Fahrt- oder Transportkosten zur ambulanten Behandlung

In welchen Fällen werden Fahrt- oder Transportkosten zur ambulanten Behandlung erstattet?

Anlass/Grund der Fahrt: _____

_____

Es werden zum Beispiel nur Kosten für Transporte und Fahrten zur Erstversorgung bei Unfällen/Notfällen erstattet oder auch bei ärztlich bescheinigter Geh- oder Fahrunfähigkeit oder auch bei Fahrten zur Dialyse, Strahlen- oder Chemotherapie oder zu ambulanten Operationen; in einigen Tarifen gar keine Erstattung.

## 13. Häusliche Krankenpflege

Welche Kosten für häusliche Krankenpflege werden erstattet und in welchem Umfang?

Kosten für: _____

Der Versicherer erstattet Kosten zum Beispiel nur für Behandlungspflege, oder er erstattet sie auch für Grundpflege und hauswirtschaftliche Versorgung, wenn dadurch ein Krankenhausaufenthalt vermieden oder verkürzt wird; in vielen Tarifen werden die Kosten für häusliche Krankenpflege nicht erstattet. Das gilt insbesondere für die älteren Bisex-Tarife.

## 14. Schutzimpfungen

In welchem Umfang werden Kosten für Schutzimpfungen erstattet?

Erstattung für _____

Je nach Tarif werden zum Beispiel die Kosten für die Impfungen erstattet, die von der Ständigen Impfkommission am Robert Koch Institut (STIKO) empfohlen werden. In manchen Tarifen werden die Kosten weiterer ausgewählter Impfungen erstattet, auch die von Reiseimpfungen; in einigen Tarifen gar keine Erstattung von Schutzimpfungen.

## 15. Spezialisierte ambulante Palliativversorgung

☐ Ja ☐ Nein Werden die Kosten für eine spezialisierte ambulante Palliativversorgung erstattet, die am Ende des Lebens notwendig werden kann?

In vielen aktuellen Tarifen werden Leistungen analog zu denen der gesetzlichen Krankenversicherung erstattet; in älteren Bisex-Tarifen oft keine Erstattung.

# Stationärer Schutz

## 16. Unterbringung und Chefarztbehandlung

Was ist versichert: Ein- oder Zweibettzimmer je mit Chefarztbehandlung oder nur kassenübliches Mehrbettzimmer mit Behandlung beim Stationsarzt (Allgemeine Krankenhausleistungen)?

☐ Einbettzimmer und Chefarzt   ☐ Zweibettzimmer und Chefarzt
☐ Allgemeine Krankenhausleistungen

Wir empfehlen mindestens die Unterbringung im Zweibettzimmer mit Chefarztbehandlung.

### 17. Chefarztrechnungen im Krankenhaus

☐ Ja ☐ Nein  Erstattet der Tarif die Chefarztbehandlung mindestens bis zum Höchstsatz der gültigen Gebührenordnung (GOÄ) von 3,5?

☐ Ja ☐ Nein  Erstattet er auch darüber hinaus?

Chefärzte rechnen im Normalfall bis zum 2,3-fachen GOÄ-Satz (Regelhöchstsatz) ab, bei schwierigen Behandlungen bis zum Höchstsatz (3,5-fach). In seltenen Ausnahmefällen kann der Chefarzt mit dem Patienten ein noch höheres Honorar vereinbaren. Wir empfehlen eine Erstattung mindestens bis zum GOÄ-Höchstsatz (3,5). Eine Erstattung über den Höchstsatz hinaus kann dann sinnvoll sein, wenn man sich im Fall einer seltenen oder schweren Erkrankung von einem teuren Spezialisten behandeln lassen möchte.

### 18. Krankentransporte

☐ Ja ☐ Nein  Werden bei stationärer Behandlung medizinisch notwendige Transporte zum Krankenhaus erstattet?

Die Erstattung muss mindestens die Transportkosten zum nächsten für die Behandlung geeigneten Krankenhaus umfassen.

### 19. Stationäre Psychotherapie

Zahlt der Versicherer für psychotherapeutische Behandlung in einer Klinik ohne Zeitbegrenzung?

☐ Ja ☐ Nein, auf _____ Tage im Jahr begrenzt

Die Anzahl der erstattungsfähigen Behandlungstage sollte mindestens bei 30 Tagen im Jahr liegen, eher höher, da sich psychotherapeutische Behandlungen meist über einen längeren Zeitraum erstrecken.

### 20. Hospizaufenthalt

☐ Ja ☐ Nein  Werden die Kosten für einen stationären Hospizaufenthalt erstattet, der am Ende eines Lebens notwendig werden kann?

In vielen aktuellen Tarifen werden 90 oder 100 Prozent der Kosten erstattet. In älteren Bisex-Tarifen oft keine Erstattung.

## Schutz rund um den Zahn

### 21. Summenbegrenzung

In welchem Umfang begrenzt der Versicherer die Kosten im Zahnbereich in den ersten Vertragsjahren auf Höchstbeträge?

_____

Fast alle Tarife begrenzen die Leistungen für Zahnbehandlung, Zahnersatz und Kieferorthopädie in den ersten Vertragsjahren auf Höchstbeträge, manche für alle drei Leistungsbereiche, andere nur für einen Teil. Auch die Dauer der Begrenzung variiert. Sie entfällt in der Regel für zahnärztlichen Behandlungen infolge von Unfällen.

## 22. Zahnarztrechnungen

☐ Ja ☐ Nein  Wird mindestens bis zum Höchstsatz der Gebührenordnung für Zahnärzte (GOZ) von 3,5 erstattet?

☐ Ja ☐ Nein  Wird auch über den Höchstsatz hinaus erstattet?

Zahnärzte rechnen im Normalfall bis zum 2,3-fachen GOZ-Satz (Regelhöchstsatz) ab, bei schwierigen Behandlungen auch bis zum Höchstsatz (3,5-fach). In seltenen Ausnahmefällen kann der Arzt mit dem Patienten ein noch höheres Honorar vereinbaren. Wir empfehlen eine Erstattung mindestens bis zum GOZ-Höchstsatz (3,5).

## 23. Zahnbehandlung

☐ Ja ☐ Nein  Werden mindestens 90 Prozent der Kosten für Zahnbehandlung erstattet?

_____ Prozent

Zur Zahnbehandlung gehören Leistungen wie Füllungen oder Wurzelbehandlungen, aber auch Prophylaxe. Wir empfehlen für Zahnbehandlung einen Erstattungssatz von mindestens 90 Prozent.

## 24. Zahnersatz

☐ Ja ☐ Nein  Werden mindestens 65 Prozent der Kosten (inklusive der Material- und Laborkosten) für Zahnersatz erstattet?

_____ Prozent

Zum Zahnersatz zählen zum Beispiel Kronen, Brücken und Prothesen. Wir empfehlen für Zahnersatz einen Erstattungssatz von mindestens 65 Prozent.

## 25. Inlays

☐ Ja ☐ Nein  Werden mindestens 65 Prozent der Kosten (inklusive der Material- und Laborkosten) für Inlays erstattet?

_____ Prozent

Wir empfehlen für Inlays einen Erstattungssatz von mindestens 65 Prozent.

## 26. Implantate

Wie viel Prozent der Kosten (inklusive der Material- und Laborkosten) werden für Implantate erstattet? _____ Prozent

☐ Ja ☐ Nein  a) Ist ein eventuell notwendiger Knochenaufbau mitversichert?

☐ Ja ☐ Nein  b) Verzichtet der Versicherer auf eine Erstattungsobergrenze je Implantat oder für alle Implantate eines Jahres?

Erstattungsobergrenze: _____

☐ Ja ☐ Nein  c) Ist die Anzahl erstattungsfähiger Implantate begrenzt, wenn ja in welcher Weise?

Begrenzung auf: _____

Der Erstattungsprozentsatz liegt hier üblicherweise zwischen 50 und 100 Prozent; in einigen Tarifen sind Implantate allerdings gar nicht erstattungsfähig. Das gilt vor allem für ältere Bisex-Tarife. In den aktuellen Tarifen ist der Knochenaufbau meistens mitversichert.

## 27. Kieferorthopädie

Wie viel Prozent der Kosten (inklusive der Material- und Laborkosten) werden für Kieferorthopädie erstattet? _____ Prozent

Kieferorthopädische Maßnahmen für Erwachsene werden von den meisten Tarifen nur in Ausnahmefällen (zum Beispiel nach Unfällen oder bei schweren Erkrankungen) erstattet. Diese Tarifleistung ist vor allem für die Versicherung von Kindern von Bedeutung. Der Erstattungssatz liegt meist bei 80 Prozent.

# Krankentagegeld

### 28. Anpassung

Bietet der Versicherer eine Erhöhung des Tagegeldes ohne Gesundheitsprüfung an?

☐ Als regelmäßiges Angebot des Versicherers
☐ Auf Antrag nach einer Einkommenserhöhung     ☐ Nein

In einigen Tarifen bietet der Versicherer alle zwei bis drei Jahre eine Erhöhung des Krankentagegeldes entsprechend der allgemeinen Einkommensentwicklung an. In anderen Tarifen ist auf Antrag eine Anpassung möglich, wenn sich das Einkommen des Versicherten erhöht hat. In manchen Tarifen bestehen beide Regelungen nebeneinander.

### 29. Rückfallerkrankung bei Selbstständigen

Wie berechnet der Versicherer die Karenzzeit – die Frist bis zum Einsetzen der Zahlung –, wenn ein Selbstständiger in kurzen Abständen wiederholt wegen derselben Erkrankung arbeitsunfähig wird?

Rechnet er dann die jeweiligen Ausfalltage trotz der Unterbrechung zusammen?

☐ Ja, unter folgenden Voraussetzungen _____

_____

☐ Nein

### 30. Kündigungsrecht bei Selbstständigen

☐ Ja  ☐ Nein  Verzichtet der Versicherer bei Selbstständigen auf sein Recht zur ordentlichen Kündigung in den ersten drei Jahren?

Wird nicht nur eine reine Krankentagegeldversicherung, sondern eine Krankentagegeldversicherung zusammen mit einer Vollversicherung abgeschlossen, verzichten die meisten Tarife auf dieses Kündigungsrecht. In einigen Tarifen gilt das jedoch nur dann, wenn der Kunde zuvor gesetzlich krankenversichert war.

# Checkliste: Berufsunfähigkeitsversicherung

Das folgende 20-Punkte-Programm hilft Ihnen bei der Suche nach einer geeigneten privaten Berufsunfähigkeitsversicherung oder dabei, Ihren bestehenden Vertrag zu prüfen.
Zur Orientierung haben wir – sofern möglich – die Fundstelle angegeben, unter der Sie die Antworten auf unsere Fragen üblicherweise in den Vertragsbedingungen finden. Kulanz und Flexibilität eines Angebots sind umso besser, je mehr Ja-Kreuzchen es bei den Punkten erreicht, die Ihnen wichtig sind.
Unsere Empfehlung: Lassen Sie sich die Angaben in der Checkliste auch von der Gesellschaft schriftlich bestätigen.

Versicherer: _____  Tarif: _____

## Bedingungen

### 1. Verweisungsverzicht

☐ Ja   ☐ Nein   Verzichtet der Versicherer darauf, Sie auf einen anderen Beruf zu verweisen?

In den meisten Tarifen ist inzwischen geregelt, dass ein Versicherter bereits dann als berufsunfähig gilt, wenn er seinen zuletzt ausgeübten Beruf, so wie er ohne gesundheitliche Beeinträchtigung ausgestaltet war, aufgrund von Krankheit, Körperverletzung oder Kräfteverfall nicht mehr ausüben kann. Man sagt dann, der Versicherer verzichtet auf die „abstrakte Verweisung". In diesem Fall kann der Versicherer nur dann darauf bestehen, dass Sie eine andere Tätigkeit ausüben, wenn Sie dies bereits tun und die Tätigkeit Ihrer bisherigen Lebensstellung entspricht („konkrete Verweisung"). Er kann also nicht verlangen, dass Sie künftig als Pförtner in Ihrer Firma arbeiten, wenn Sie dort bislang als Projektleiter angestellt waren.

Achten Sie darauf, dass nur der zuletzt ausgeübte Beruf mit in die Beurteilung einbezogen wird und nicht auch ein vor einem Berufswechsel ausgeübter Beruf. Auch sollte der Versicherer nicht prüfen, ob eine Umorganisation des Arbeitsplatzes zumutbar ist, wenn Sie abhängig beschäftigt sind.

**Wenn die Berufstätigkeit vorübergehend unterbrochen war**

☐ Ja   ☐ Nein   Legt der Versicherer den zuletzt ausgeübten Beruf auch dann zugrunde, wenn die Berufstätigkeit beispielsweise wegen Arbeitslosigkeit oder Kindererziehung vor dem Leistungsfall unterbrochen war?

Manche Versicherer führen eine abstrakte Verweisung durch die Hintertür wieder ein, wenn ein Versicherter längere Zeit (meist 3 oder 5 Jahre) nicht in seinem Beruf gearbeitet hatte.

### 2. Nachprüfungsverfahren

☐ Ja   ☐ Nein   Legt der Versicherer bei der Nachprüfung der Berufsunfähigkeit die gleichen Kriterien zugrunde wie bei der Erstprüfung?

Ungünstig wäre es, wenn bei der Nachprüfung auf eine andere berufliche Tätigkeit verwiesen werden könnte. (Fundstelle BU: Sehr unterschiedlich)

### 3. Prognosezeitraum

☐ Ja ☐ Nein   Leistet der Versicherer bereits dann, wenn der Arzt eine Berufsunfähigkeitsdauer von „voraussichtlich sechs Monaten" prognostiziert?

Ungünstiger ist die Formulierung „voraussichtlich dauernd", die laut Rechtsprechung einen Zeitraum von drei Jahren meint. (Fundstelle BU: § 2, Absatz 1)

### 4. Rückwirkende Anerkennung

☐ Ja ☐ Nein   Zahlt der Versicherer die Rente auch dann ab Eintritt der Berufsunfähigkeit, falls der Arzt in den ersten sechs Monaten keine klare Prognose abgeben kann?

Ungünstig ist die Formulierung: „So gilt die Fortdauer dieses Zustands als Berufsunfähigkeit." Sie bedeutet im Regelfall: Der Versicherer zahlt erst ab dem 7. Monat eine Rente. (Fundstelle BU: § 2, Absatz 3)

### 5. Rückwirkende Zahlung

☐ Ja ☐ Nein   Zahlt der Versicherer die Rente rückwirkend ab Beginn der Berufsunfähigkeit (z. B. mindestens bis zu drei Jahre), wenn Sie versäumt haben, ihm diese frühzeitig (innerhalb von drei Monaten) nach Eintritt zu melden? (Fundstelle BU: § 1, Absatz 3)

### 6. Schuldlos unkorrekte Angaben

☐ Ja ☐ Nein   Verzichtet der Versicherer auf eine Kündigung oder Vertragsänderung, falls der Versicherte beim Abschluss des Vertrags schuldlos unkorrekte Angaben gemacht hat? In den Versicherungsbedingungen finden Sie diesen Passus meist als „Verzicht auf § 19 Absätze 3+4".

### 7. Pflegefall

☐ Ja ☐ Nein   Zahlt der Versicherer bereits eine Rente, wenn Sie sechs Monate ununterbrochen auf Hilfe angewiesen sind, um Ihren Alltag zu bewältigen?
Dabei sollte es genügen, wenn Sie bei einer Alltagstätigkeit wie beispielsweise dem An- und Auskleiden oder dem Einnehmen von Mahlzeiten oder dem Waschen und Kämmen die Hilfe einer anderen Person benötigen.

### 8. Beitragsstundung während der Leistungsprüfung

☐ Ja ☐ Nein   Stundet der Versicherer die Beiträge, solange noch nicht geklärt ist, ob er das Leiden als Berufsunfähigkeit anerkennt?

☐ Ja ☐ Nein   Gilt die Stundung automatisch?

☐ Ja ☐ Nein   Verzichtet der Versicherer darauf, Stundungszinsen zu berechnen?

☐ Ja ☐ Nein   Stundet der Versicherer unabhängig davon, ob alle Unterlagen vorliegen?

Üblich ist, dass Sie beim Versicherer beantragen müssen, dass er die Beiträge stundet, bis über den Fall entschieden ist. Es kann sein, dass der Versicherer Stundungszinsen von Ihnen verlangt und erst die Beiträge stundet, wenn alle Unterlagen vorliegen. (Fundstelle BU: § 1, Absatz 6)

## 9. Befristete Anerkennung

☐ Ja ☐ Nein  Schreibt der Versicherer in seinen Bedingungen nachvollziehbar fest, ob er auf eine befristete Anerkennung des Leistungsfalls verzichtet?

Sofern der Versicherer einmalig befristet anerkennt – für wie lange ist die Anerkennung der Leistung maximal befristet? _____

### Rückzahlung von Renten

☐ Ja ☐ Nein  Verzichtet der Versicherer auf Rückzahlung der bereits gezahlten Renten, wenn er die Berufsunfähigkeit zunächst nur befristet anerkennt und später einen negativen Bescheid erteilt?

Manche Versicherer formulieren in den Bedingungen klar, dass sie die Rente zurückfordern, wenn sie nachträglich einen negativen Bescheid erteilen. Verzichtet der Versicherer allerdings auf eine konkrete Aussage zur Rückforderung, kann er nichts zurückfordern.

## 10. Arztanordnungsklausel

☐ Ja ☐ Nein  Verzichtet der Versicherer auf die Arztanordnungsklausel?

Andernfalls kann Ihr Rentenanspruch verfallen, wenn Sie sich nicht nach ärztlichen Weisungen richten und zum Beispiel eine Operation verweigern. Einfache und gefahrlose Heilbehandlungen müssen Sie im Regelfall allerdings befolgen.

## 11. Nachversicherungsgarantie

☐ Ja ☐ Nein  Können Sie später unter bestimmten Voraussetzungen die zukünftige Rente ohne erneute Gesundheitsprüfung erhöhen?

☐ Ja ☐ Nein  Ist auch eine ereignisunabhängige Erhöhung möglich?

Prüfen Sie, an welche Voraussetzungen (Heirat, Geburt eines Kindes etc.) eine Erhöhung geknüpft ist, bis zu welchem Alter sie erfolgt sein muss, wie häufig sie genutzt werden kann und bis zu welcher maximalen Höhe sie möglich ist. Einige Versicherer lassen insgesamt nur eine Jahresrente von maximal 24 000 Euro zu.

Die Option ist ausübbar bis maximal:

Alter _____ Jahre

Rente _____ Euro pro Erhöhung

Rente _____ Euro gesamt

☐ Ja ☐ Nein  Gilt die Nachversicherungsgarantie auch für Verträge, die nur mit einem Risikoausschluss (bestimmte Erkrankungen sind nicht mitversichert) oder einem Risikozuschlag abgeschlossen werden konnten?

Achten Sie darauf, dass die Nachversicherungsgarantie nicht nur für Verträge mit Dynamik gilt.

### Bei Berufsunfähigkeitszusatzversicherungen

Beachten Sie, ob die Hauptversicherung (zum Beispiel eine Risikolebensversicherung) bei einer Erhöhung der BU-Rente mit angehoben werden muss.

## 12. Ausschlüsse

Wann ist der Versicherungsschutz ausgeschlossen?

Der Schutz kann beispielsweise ausgeschlossen sein, wenn die Berufsunfähigkeit auf Krieg, einen bestimmten Alkoholgehalt im Blut, auf ein Autorennen oder auf Gesundheitsstörungen psychischer oder nervöser Art zurückzuführen ist.

_____

## 13. Geltungsbereich

☐ Ja   ☐ Nein   Gilt der Versicherungsschutz weltweit?

☐ Ja   ☐ Nein   Ist der Schutz im Ausland zeitlich unbegrenzt?

Wenn nicht, auf welchen Zeitraum begrenzt?_____

☐ Ja   ☐ Nein   Gilt der Versicherungsschutz auch, wenn Sie den Wohnsitz für längere Zeit ins außereuropäische Ausland verlegen?

Sofern besondere Bestimmungen gelten, falls Sie im Ausland berufsunfähig werden, welcher Art sind diese?

Der Versicherer kann zum Beispiel vorschreiben, dass Sie sich an einen bestimmten Untersuchungsort begeben, um die Berufsunfähigkeit feststellen zu lassen. Übernimmt er dann die Reise- und Übernachtungskosten?

_____

## 14. Besonderheiten

Welche Sonderleistungen bietet der Versicherer ohne zusätzlichen Beitrag bei Eintritt oder Ende der Berufsunfähigkeit?

☐ Ja   ☐ Nein   Soforthilfe: _____ Euro

☐ Ja   ☐ Nein   Übergangsleistung: _____ Euro

☐ Ja   ☐ Nein   Wiedereingliederungshilfe: _____ Euro

☐ Ja   ☐ Nein   Sonstiges (z. B. zusätzliche Leistungen bei Eintritt ganz bestimmter Erkrankungen, Leistung bei sechsmonatiger Arbeitsunfähigkeit etc.): _____ Euro

_____

## Vertragsgestaltung

### 15. Pauschalregelung

☐ Ja  ☐ Nein  Können Sie für Ihren Vertrag die Pauschalregelung wählen?

Wählen Sie möglichst einen Vertrag mit Pauschalregelung (Leistung der vollen Rente ab 50 Prozent BU-Grad). Sogenannte Staffelregelungen (zum Beispiel ab 25 Prozent BU-Grad entsprechende anteilige Leistung, erst ab 75 Prozent volle Rentenzahlung) führen in der Praxis oft zu Streit, da ein geänderter BU-Grad eine veränderte Rentenhöhe bedingt und dies nachgewiesen werden muss.

### 16. Spezielle Klauseln

**Infektionsklausel für medizinische Berufe**

☐ Ja  ☐ Nein  Bietet das Angebot für meine Tätigkeit eine Infektionsklausel an?

Die Infektionsklausel greift, wenn der Versicherte an einer Infektion erkrankt, aber nicht im eigentlichen Sinn berufsunfähig ist. Verbietet ihm dann eine Behörde die Ausübung seiner Tätigkeit nach dem Infektionsschutzgesetz, sollte die Versicherung Schutz bieten. Einige Versicherer erkennen über die Infektionsklausel ihre Leistungspflicht an, wenn der Versicherte eine bestimmte Zeit lang wegen berufsbedingter Infektion nicht arbeiten kann.

**Dienstunfähigkeitsklausel für Beamte**

☐ Ja  ☐ Nein  Bietet das Angebot für Beamte auf Lebenszeit eine Dienstunfähigkeitsklausel an?

☐ Ja  ☐ Nein  Gilt die Dienstunfähigkeitsklausel auch für Beamte auf Probe oder Widerruf oder Beamtenanwärter?

Der Versicherer erkennt über diese Klausel die Berufsunfähigkeit an, wenn der Versicherte wegen Dienstunfähigkeit aus medizinischen Gründen von seinem Dienstherrn in den Ruhestand versetzt oder entlassen wird. Weitere ärztliche Untersuchungen entfallen dann in der Regel. Häufig gilt die Klausel nur für bestimmte Berufe oder nur bis zu einem bestimmten Alter.

**Erwerbsminderungsklausel**

☐ Ja  ☐ Nein  Bietet das Angebot eine Erwerbsminderungsklausel?

In diesem Fall erkennt der Versicherer die Berufsunfähigkeit an, wenn der Versicherte von der gesetzlichen Rentenversicherung wegen voller Erwerbsminderung allein aus medizinischen Gründen eine unbefristete Rente erhält (teils altersabhängig).

### 17. Dynamik

☐ Ja  ☐ Nein  Ist es möglich, den Vertrag mit einer Dynamik auszustatten, um so dem Inflationsrisiko zu begegnen?

Inzwischen gibt es viele Angebote, die neben der Beitragsdynamik (vor dem Leistungsfall) auch eine garantierte Dynamik im Leistungsfall zulassen, was dem schleichenden Kaufkraftverlust begegnet. Dann erhöht sich die Rente im Leistungsfall um einen vereinbarten Prozentsatz. Eine solche Dynamik ist zu empfehlen, sofern Sie sich die Mehrkosten dafür leisten können.

☐ Ja  ☐ Nein  Bietet der Vertrag eine Beitragsdynamik?

☐ Ja  ☐ Nein  Bietet der Vertrag eine Dynamik im Leistungsfall?

## 18. Anzeigepflicht

☐ Ja ☐ Nein  Verzichtet der Versicherer darauf, dass Sie ihm nach Vertragsabschluss einen Berufswechsel oder ein erhöhtes Risiko anzeigen müssen, zum Beispiel wenn Sie neuerdings eine gefährliche Sportart ausüben?

☐ Ja ☐ Nein  Verzichtet der Versicherer im Leistungsfall darauf, dass Sie ihm unverzüglich eine Änderung Ihres Gesundheitszustands und/oder die Aufnahme einer beruflichen Tätigkeit mitteilen müssen?

## 19. Produktflexibilität

☐ Ja ☐ Nein  Bietet Ihnen der Versicherer die Möglichkeit, den Versicherungsschutz an veränderte Lebenssituationen anzupassen, ohne dass sie ihn verlieren (zum Beispiel bei Arbeitslosigkeit, Zahlungsschwierigkeiten)?

**Zahlungsschwierigkeiten**
Gibt es die Möglichkeit, bei vorübergehenden finanziellen Engpässen die Beitragszahlung aufzuschieben, auszusetzen oder abzusenken?

Wichtig ist, dass der Versicherungsschutz während dieser Zeit erhalten bleibt und Sie anschließend ohne Nachteile den Vertrag fortsetzen können.

**Stundung**

☐ Ja ☐ Nein  Gibt es die Möglichkeit, den Beitrag zu stunden (der Beitrag muss dann später nachgezahlt werden, der Versicherungsschutz bleibt in voller Höhe erhalten)?

Bis zu welchem Zeitraum wird eine Stundung gestattet? _____ Monate
Sehr verbraucherfreundlich sind zwölf Monate.

Bis zu welchem Zeitraum wird eine mehrmalige Stundung insgesamt gestattet?
_____ Monate

☐ Ja ☐ Nein  Stundet der Versicherer den Beitrag, ohne Zinsen dafür zu berechnen?

**Beitragsfreistellung**

☐ Ja ☐ Nein  Gibt es die Möglichkeit, eine komplette oder teilweise Beitragsfreistellung zu vereinbaren?

Im Regelfall muss der Vertrag bereits eine bestimmte Zeit gelaufen sein, sodass sich eine vom Versicherer vorgegebene Mindestsumme auf dem Kundenkonto befindet. Der Beitrag muss nach Ablauf des Zeitraums nicht nachgezahlt werden. Dadurch verringert sich aber die ursprünglich vereinbarte Rentenhöhe. Um diese wieder auf das Ursprungsniveau zu heben, muss man entweder den Beitrag nachzahlen, oder der zukünftig zu zahlende Beitrag steigt. Der Versicherungsschutz bleibt während der Beitragsfreistellung meist nur in geringem Umfang erhalten.

☐ Ja ☐ Nein  Ist eine Rückkehr in den Vertrag ohne erneute Gesundheitsprüfung möglich, sofern die Unterbrechung maximal sechs Monate dauert?

Bis zu welchem Zeitraum wird eine Beitragsfreistellung insgesamt gestattet?
_____ Monate

Häufig sind es sechs Monate.

Darüber hinaus bieten manche Versicherer weitere Möglichkeiten zur Überbrückung von Zahlungsschwierigkeiten an, manchmal auch nur bei Arbeitslosigkeit oder Elternzeit. Wichtig ist, dass der Versicherungsschutz in dieser Zeit möglichst vollständig erhalten bleibt oder zumindest anschließend ohne erneute Gesundheitsprüfung fortgesetzt werden kann.

## 20. Laufzeit

☐ Ja ☐ Nein Kann die maximale Vertragslaufzeit so gewählt werden, dass die Altersrente nahtlos an die Leistungsdauer der BU-Rentenzahlung anschließen würde?

☐ Bis Alter 67 Jahre ☐ Bis Alter 65 Jahre

Sonstiges _____

☐ Ja ☐ Nein Gibt es eine Verlängerungsoption?

Wenn die Bedingungen eine Verlängerungsoption vorsehen, können Sie bei einer möglichen Anhebung des Eintrittsalters für die Regelaltersrente unter bestimmten Voraussetzungen die Laufzeit verlängern.

# Checkliste: Unfallversicherung

Unsere Checkliste hilft Ihnen einzuschätzen, was Ihr bisheriger Vertrag oder ein neues Angebot bietet.

Versicherer: _____  Tarif: _____

## Grundsätzlicher Schutz

Der Versicherer zahlt eine größere, vertraglich vereinbarte Summe aus, wenn Sie durch einen Unfall eine dauerhafte körperliche Beeinträchtigung erleiden. Damit die Versicherung im Ernstfall tatsächlich die erhoffte Hilfe ist, sollte der Tarif einige Bedingungen erfüllen:

### Rundumschutz

☐ Ja  ☐ Nein   Bietet die Versicherung weltweit und rund um die Uhr Schutz?

Reine Freizeit-Unfallversicherungen sind keine gute Wahl. Unsinnig sind außerdem Verträge, die nur für bestimmte Unfallarten wie Verkehrsunfälle oder Unfälle auf Reisen gelten.

### Leistung ab 1 Prozent Invalidität

☐ Ja  ☐ Nein   Sieht der Tarif bereits ab 1 Prozent Invalidität Leistungen vor?

Verträge, bei denen Sie erst ab einer Invalidität von 20 oder 50 Prozent Geld bekommen, taugen in der Regel nicht viel.

### Optimale Progression und Versicherungssumme

Ja ☐  Nein ☐   Bietet der Tarif eine Progression, damit Sie dann bei schwerer Invalidität ein Vielfaches der Grundsumme erhalten?

Fordern Sie beim Anbieter genaue Angaben an, wie hoch die Leistung bei 25, 50, 75, 90 und 100 Prozent Invalidität ist. Empfehlenswert sind Tarife, die bei den genannten Invaliditätsgraden mindestens die folgenden Summen als Auszahlung vorsehen.
25 Prozent: 25 000 Euro, 50 Prozent: 100 000 Euro, 100 Prozent: 500 000 Euro.

### Vorschuss

Ja ☐  Nein ☐   Zahlt der Versicherer die Todesfallleistung nicht nur nach einem Todesfall, sondern auch als Vorschuss, wenn der Grad der Invalidität noch nicht feststeht?

Es sollten etwa 10 000 Euro sein, die der Versicherer als Vorschuss zahlt.

(H) UNFALLVERSICHERUNG, BLATT 2 VON 2

# Weitere Bedingungen

Orientieren Sie sich beim Check der Vertragsbedingungen an den Musterbedingungen des Gesamtverbands der Deutschen Versicherungswirtschaft (GDV) (gdv.de, Suchbegriff „AUB 2014"). Ein guter Vertrag geht aber an einigen Stellen darüber hinaus, zum Beispiel:

### Verbesserte Gliedertaxe

Ja ☐   Nein ☐   Gibt es für bestimmte Verletzungen einen höheren Grad der Invalidität als in den GDV-Musterbedingungen?

Gilt etwa beim Verlust eines Zeigefingers ein höherer Grad als 10 Prozent, zum Beispiel 15 oder 20 Prozent?

### Umgang mit Vorerkrankungen

Ja ☐   Nein ☐   Werden Vorerkrankungen erst ab einem höheren Invaliditätsgrad angerechnet?

Gerade ältere Versicherte können Probleme bekommen, wenn der Unfall ein Körperteil schädigt, das bereits durch Krankheiten wie Arthrose oder Gicht vorgeschädigt war. In solchen Fällen ziehen die Versicherer einen Teil von der festgestellten Invalidität ab. Das ist üblich, sobald der Anteil der Krankheit 25 Prozent oder mehr beträgt. In guten Tarifen werden Vorerkrankungen erst ab einem höheren Invaliditätsgrad angerechnet.

### Verlängerte Fristen

Ja ☐   Nein ☐   Gelten für den Eintritt und die Anerkennung der Invalidität verlängerte Fristen?

Die Versicherer müssen laut den GDV-Musterbedingungen nur zahlen, wenn die Invalidität innerhalb von 15 Monaten nach dem Unfall eingetreten ist und ärztlich festgestellt wurde. Der Versicherte muss seinen Anspruch innerhalb derselben 15 Monaten der Versicherung melden. Bessere Tarife lassen dem Kunden mehr Zeit.

### Zusätzliche Leistungseinschlüsse

Ja ☐   Nein ☐   Zahlt der Versicherer auch bei Unfällen durch Bewusstseinsstörungen und bei Krankheiten?

Versicherer, die im letzten Test der Stiftung Warentest mindestens eine 2,0 erhielten, schließen zum Beispiel Unfälle infolge eines Schlaganfalls oder Herzinfarkts in den Versicherungsschutz ein. Auch Unfälle unter Medikamenten- oder Alkoholeinfluss sind bei unseren Testsiegern fast immer versichert. Gute Tarife versichern außerdem die Krankheiten Borreliose oder Frühsommer-Meningoenzephalitis (FSME).

### Kosmetische Operationen inklusive

Ja ☐   Nein ☐   Werden Kosten für Schönheitsoperationen nach einem Unfall in Höhe von mindestens 10 000 Euro übernommen?

### Bergungskosten inklusive

Ja ☐   Nein ☐   Werden bei Unfällen im Gebirge oder auf See Bergungskosten mindestens in Höhe von 10 000 Euro übernommen?

# Checkliste: Hausratversicherung

Wenn Sie eine neue Hausratversicherung abschließen wollen, achten Sie nicht nur darauf, dass Sie ausreichend hoch versichert sind, sondern auch auf die Bedingungen. Prüfen Sie, ob ein neues Angebot oder auch Ihr laufender Vertrag folgende Leistungen beinhaltet:

Versicherer: _____ Tarif: _____

## Versicherungssumme insgesamt

_____ Euro

Wie hoch ist die Versicherungssumme für Ihren Hausrat?

Wählen Sie eine passend hohe Versicherungssumme. Wenn Sie schon einen Vertrag haben, prüfen Sie, ob sie noch zum Wert Ihres aktuellen Hausrats passt, und passen Sie sie wenn nötig an. Um der Unterversicherung zu entgehen, können Sie einen pauschalen Unterversicherungsverzicht mit dem Versicherer vereinbaren. In der Regel werden dazu 650 Euro je Quadratmeter berechnet, bei manchen Versicherern mehr.

## Besondere Werte

Bis _____ Euro

Bis _____ % der Versicherungssumme

Bis zu welcher Höhe sind Wertsachen versichert?

Meist sind Wertsachen nur bis 20 Prozent der Versicherungssumme geschützt, Bargeld außerhalb von Tresoren oft nur bis 1 000 Euro, Schmuck bis 20 000 Euro, Sparbücher und Wertpapiere bis 2 500 Euro. Das kann zu wenig sein, wenn Sie zum Beispiel geerbt haben. Wählen Sie wenn nötig einen höheren Anteil beziehungsweise eine höhere Summe.

## Fahrrad

Bis _____ Euro

Bis _____ % der Versicherungssumme

In welcher Höhe sind Ihre Fahrräder abgesichert?

Prüfen Sie, ob Ihre Räder hoch genug versichert sind. Gerade wenn Sie etwa als Familie mehrere Räder haben oder sich in letzter Zeit ein E-Bike gekauft haben, kann eine ursprünglich vereinbarte Versicherungssumme mittlerweile zu niedrig sein. Heutzutage können Fahrräder oft mit bis zu 10 Prozent der Versicherungssumme versichert werden.

## Zeitraum

☐ Ja ☐ Nein

Ist Ihr Fahrrad rund um die Uhr vor Diebstahl geschützt?

Schutz vor Fahrraddiebstahl sollte rund um die Uhr gelten. Aber es gibt auch Tarife, die nachts zwischen 22 und 6 Uhr nicht greifen, wenn das Fahrrad beispielsweise vor einem Kino oder Restaurant angeschlossen ist.

## Anhänger

☐ Ja ☐ Nein

Sind auch Fahrradanhänger versichert?

Fahrradanhänger sind nicht immer im Fahrradschutz enthalten. Bei manchen Versicherern sind Fahrradanhänger sogar versichert, wenn sie ohne das zugehörige Fahrrad gestohlen werden.

## Überspannung

☐ Ja ☐ Nein

Bis _____ % der Versicherungssumme

Sind Überspannungsschäden versichert?

Trifft ein Blitz eine Überlandleitung, kann es zu Stromspitzen kommen, sodass Elektrogeräte Schaden nehmen. Der Schutz ist mittlerweile ohne Mehrbeitrag in vielen Tarifen eingeschlossen. Wenn nicht, klären Sie, was der Zusatzschutz kosten würde. Wir empfehlen, mindestens 10 Prozent der Versicherungssumme zu versichern.

## Grobe Fahrlässigkeit

☐ Ja ☐ Nein

Bis _____ Euro

Sind Schäden, die aufgrund grober Fahrlässigkeit herbeigeführt werden, bis zur Versicherungssumme beziehungsweise unbegrenzt mitversichert?

Einige Hausrattarife werben mit dem Verzicht auf Kürzung der Leistung bei grober Fahrlässigkeit. Das gilt aber oft nur bis zu einer Grenze, zum Beispiel 7 000 Euro. Besser ist, wenn der Versicherer bis zur Versicherungssumme auf Kürzung der Zahlung verzichtet.

## Außenversicherung

Bis _____ Euro

Bis zu _____ Monate

Bis zu welcher Grenze sind Schäden außerhalb des Gebäudes versichert?

Die Außenversicherung schützt den Hausrat außerhalb der eigenen Wohnung, wenn er sich vorübergehend – oft maximal drei Monate – in einem Gebäude befindet, etwa im Hotel. Dabei gelten Höchstbeträge. In vielen Tarifen sind es 10 000 Euro.

## Geltungsbereich

☐ Ja ☐ Nein

Gilt die Außenversicherung weltweit?

## Lagerkosten

Bis zu _____ Tage

Für wie lange übernimmt der Versicherer Lagerkosten?

Muss der Hausrat zwischengelagert werden, zahlt die Versicherung für einen bestimmten Zeitraum. Einige Versicherer übernehmen die Kosten für mehr als ein Jahr, andere für maximal 100 Tage.

## Einbruch in Kfz weltweit

☐ Ja ☐ Nein

Bis _____ Euro

Zahlt der Versicherer für Schäden durch Einbruch ins Auto?

Werden Sachen aus dem Auto gestohlen, sind sie in der Regel nicht versichert. Einige Tarife leisten auch bei einem Einbruchdiebstahl ins Auto. Ausgeschlossen bleiben dabei aber meistens elektronische Gegenstände wie Handy und Notebook.
Nicht alle Versicherer zahlen weltweit. Manche beschränken den Schutz auf Europa oder auf Deutschland.

## Schiff

☐ Ja ☐ Nein

Zahlt der Hausratversicherer bei Einbruchdiebstahl in Schiffskabinen?

Meist greift die Außenversicherung nur in Gebäuden, nicht auf einem Kreuzfahrtschiff. Diese Klausel erweitert den Schutz.

### Gartenmöbel

☐ Ja  ☐ Nein

Sind Gartenmöbel auf der Terrasse versichert?

Gartenmöbel sind nur versichert, wenn sie in einem verschlossenen Raum stehen. Es gibt Tarife, die diesen Schutz auch bieten, wenn die Möbel auf der Terrasse oder im Garten stehen.

### Bankschließfach

☐ Ja  ☐ Nein

Ist auch der Inhalt von Bankschließfächern versichert?

Räumen Diebe die Kundenschließfächer in einer Bank aus, ist der Inhalt nicht automatisch versichert. In leistungsstarken Hausrattarifen sind Wertsachen in Bankschließfächern mitversichert.

# Checkliste: Wohngebäudeversicherung

Sie können Ihr Haus vor Feuer, Leitungswasserschäden, Sturm und Hagel schützen. Vereinbaren Sie eine ausreichend hohe Versicherungssumme. Achten Sie nicht nur auf den Preis, sondern auch auf die Bedingungen. Je mehr der aufgeführten Leistungen Ihr laufender Vertrag/ein neues Angebot bietet, desto besser.

Versicherer: _____ Tarif: _____

### Grobe Fahrlässigkeit

☐ Ja ☐ Nein

bis _____ Euro

Zahlt der Versicherer bei einem Schaden, der durch grobe Fahrlässigkeit herbeigeführt wurde, bis zur Versicherungssumme oder – bei Wohnflächentarifen – mindestens 500 000 Euro?

Weihnachtskerzen nicht gelöscht oder Brandreste im Kamin? Das kann schnell passieren. Viele Versicherer kürzen dann ihre Zahlung. Hausbesitzer sollten unbedingt grobe Fahrlässigkeit mitversichern. Einige Tarife begrenzen dies auf zum Beispiel 10 000 Euro. Davon raten wir ab. Denn ein Totalschaden kann Hunderttausende Euro kosten. Wichtig ist, dass der Tarif mindestens bis zur Höhe der Versicherungssumme Schutz bietet oder – bei Wohnflächentarifen – mindestens ab 500 000 Euro.

### Aufräum- und Abbruchkosten

☐ Ja ☐ Nein

bis _____ Euro

Übernimmt der Versicherer Aufräum- und Abbruchkosten bis zur Versicherungssumme, mindestens aber bis 500 000 Euro (bei Wohnflächentarifen)?

Nach Brand- oder Sturmschäden kann das Haus unbewohnbar sein. Oft müssen Wände und Decken getrocknet, Restmauern abgebrochen, Bauschutt entsorgt werden. In einigen Tarifen ist die Entschädigung auf 5 Prozent der Versicherungssumme begrenzt, gute Angebote leisten mindestens bis zur Versicherungssumme. Bei Wohnflächentarifen gibt es oft eine maximale Höhe, am besten mindestens 500 000 Euro. Meist reicht sie, doch für sehr große Häuser kann auch sie zu wenig sein. Im Kleingedruckten sollte ein mindestens sechsstelliger Betrag stehen.

### Bewegungs- und Schutzkosten

☐ Ja ☐ Nein

bis _____ Euro

Übernimmt der Versicherer Transport- und Lagerkosten bis zur Versicherungssumme, mindestens aber 500 000 Euro bei Wohnflächentarifen?

Einige Tarife übernehmen Transport- und Lagerkosten. Nach einem schweren Schaden kann es nötig werden, dass Möbel und andere Gegenstände ausgelagert werden müssen, zum Beispiel weil nach einem Brand eine monatelange Renovierung ansteht. Im Extremfall können hier fünfstellige Beträge auflaufen.

### Behördliche Auflagen

☐ Ja ☐ Nein

bis _____ Euro

Kommt der Versicherer auf, um neue behördliche Auflagen umzusetzen bis zur Versicherungssumme, bei Wohnflächentarif mindestens 500 000 Euro?

Viele Häuser stehen schon seit Jahrzehnten. Seitdem sind viele neue Bauvorschriften herausgekommen, die das Bauen teurer machen. Zum Beispiel, wenn eine viel aufwendigere Dämmung her muss oder eine sicherere Elektroinstallation. Bei neuen Häusern entsteht dieses Problem selten, bei Altbauten können selbst 50 000 Euro versicherte Kosten zu wenig sein.

### Dekontamination

☐ Ja ☐ Nein

bis _____ Euro

Kommt der Versicherer für Ausgaben auf, die entstehen, um verschmutzte Böden abzutragen bis zur Versicherungssumme, bei Wohnflächentarif mindestens 500 000 Euro?

Wenn Heizöl ausläuft oder die Feuerwehr einen Brand mit Schaum löscht, kann das Erdreich solche Mengen an Giftstoffen abbekommen, dass es abgetragen werden muss. Kunststoffe in der Bausubstanz, etwa in Fußböden, geben bei Feuer hochgiftige Substanzen ab wie Biphenyle oder Dioxine. Die Behörden nehmen Schadstoffmessungen vor. Nicht selten muss das Erdreich auf einer Deponie entsorgt werden.

### Überspannung

☐ Ja ☐ Nein

bis _____ Euro

Zahlt der Versicherer für Überspannungsschäden mindestens 30 000 Euro?

Wenn der Blitz nicht direkt ins Haus einschlägt, sondern zum Beispiel in eine Überlandleitung, kann es zu Spannungsspitzen kommen. Dadurch kann die Elektronik der Zentralheizung Schaden nehmen. Teuer kann es auch bei Häusern mit einer aufwendigen Smart-Home-Anlage werden.

### Ableitungsrohre

☐ Ja ☐ Nein

bis _____ Euro

Sind Schäden an Ableitungsrohren mit mindestens 10 000 Euro versichert?

Wenn Schäden an Rohren entstehen, die außerhalb des Hauses unter dem Grundstück verlaufen, ist dies in der Regel nicht mitversichert oder nur mit geringen Summen, etwa 1 500 Euro. Das kann zu wenig sein, wenn es nicht nur um ein kurzes Stück geht, sondern um 30 oder 40 Meter Rohrstrecke oder um Rohre unter der Bodenplatte. Dann sollten eher mindestens 10 000 Euro versichert sein. Einige Gesellschaften bieten diesen Zusatz ungern an: Es gibt zu viele und zu teure Schäden.

### Zuleitungsrohre

☐ Ja ☐ Nein

bis _____ Euro

Sind auch Schäden an Zuleitungsrohren zu Teichanlage, Springbrunnen oder Wasserhahn im Garten versichert?

Auf dem Grundstück liegende Zuleitungsrohre für die Wasserversorgung sowie Rohre für Heizung, Solarheizung, Klima- und Wärmepumpen sind standardmäßig mitversichert, wenn sie der Versorgung versicherter Gebäude dienen. Das gilt aber nicht für Zuleitungsrohre zu einer Teichanlage, einem Springbrunnen, einem Wasserhahn im Garten oder Rohre zu nicht versicherten Nebengebäuden.

### Solaranlage

☐ Ja ☐ Nein

bis _____ Euro

Ist die Photovoltaikanlage mitversichert?

Eine Photovoltaikanlage lässt sich über die Wohngebäudepolice mitversichern. Wegen der hohen Anschaffungskosten für Photovoltaik empfiehlt sich das. Achtung: Es kommt vor, dass Anbieter im Versicherungsantrag nach der Solaranlage fragen. Wer „Ja" ankreuzt, beantragt damit nicht automatisch die Mitversicherung. Vielmehr weiß der Anbieter dann lediglich, dass es eine Solaranlage gibt und das Brandrisiko erhöht ist, sodass er mehr Beitrag verlangt. Dass in Klammern daneben „nicht versichert" steht, übersehen Kunden leicht. Achten Sie darauf, dass die Solaranlage vor allem gegen Sturm, Hagel, Überspannung, Feuer, Diebstahl, Schneedruck und Marderbisse versichert ist. Alternativ ist ein separater Vertrag bei einem anderen Anbieter möglich.

## Aufräumkosten für Bäume

☐ Ja ☐ Nein

bis _____ Euro

Übernimmt der Versicherer Aufräumkosten für Bäume?

Fällt bei Sturm ein Baum aufs Haus, zahlt die Wohngebäudeversicherung den Schaden. Wenn der Baum aber einfach nur in den Garten stürzt, sind Zerlegen, Abtransport und Entsorgung nicht versichert. Dasselbe gilt, wenn Blitz oder Sturm einen Baum so beschädigen, dass er gefällt werden muss. Nur wenige Tarife decken auch dies ab. Nicht versichert sind Bäume, die ohnehin abgestorben waren. Pro Baum können über 1 000 Euro Kosten entstehen. Wichtig ist dieser Zusatz, wenn mehrere Bäume auf dem Grundstück stehen.

## Beseitigen von Restwerten

☐ Ja ☐ Nein

bis _____ Euro

Erstattet der Versicherer auch Restwerte, die etwa aufgrund neuer Bauvorschriften beim Wiederaufbau nicht mehr genutzt werden dürfen?

Bleiben nach einem Brand Reste des Hauses stehen, die beim Wiederaufbau verwertet werden können, zieht die Versicherung deren Restwert von ihrer Erstattung ab. Das gilt auch, wenn die Baureste in der Praxis gar nicht zu verwerten sind, weil das gegen aktuelle Bauvorschriften verstößt. Beispiel: Das Haus ist bis auf den Keller abgebrannt. Der Keller erfüllt jedoch nicht mehr die aktuellen Sicherheitsnormen, sodass er abgerissen und neu gebaut werden muss. Ihr Tarif sollte auch die Restwerte erstatten.

## Fahrzeuganprall

☐ Ja ☐ Nein

bis _____ Euro

Zahlt der Versicherer für Schäden durch Fahrzeuganprall?

Prallt ein Lastwagen gegen die Fassade, kann das die Statik des Hauses so beeinträchtigen, dass es einsturzgefährdet ist. Die Kfz-Haftpflichtversicherung des Lkw steht zwar dafür ein, aber sie zahlt nur den Zeitwert. Besitzer eines Altbaus würden auf hohen Kosten sitzen bleiben. Deshalb kann es je nach Lage der Immobilie sinnvoll sein, dieses Extra in der Wohngebäudeversicherung mit zu vereinbaren.

## Sachverständiger

☐ Ja ☐ Nein

bis _____ Euro

Zahlt der Versicherer die Kosten für einen Sachverständigen?

Besonders bei hohen Schadenssummen kann es Streit geben. Beispiel: Nach einem Rückstau läuft Abwasser in den Keller. Es verseucht den Estrich mit Fäkalkeimen. Eine Firma lässt den Keller professionell trocknen und neu malern. Tatsächlich jedoch ist der Estrich so verkeimt, dass er raus muss. Dann hat der Kunde Anspruch auf ein förmliches Sachverständigenverfahren: Er benennt einen Gutachter, der Versicherer auch. So entstehen hohe Kosten. Die sollte der Versicherer komplett übernehmen.

## Innovationsklausel

☐ Ja ☐ Nein

bis _____ Euro

Gelten Vertragsverbesserungen auch für Altverträge, ohne dass der Versicherer den Beitrag erhöht?

Wenn der Versicherer Verbesserungen für neu abzuschließende Verträge einführt, sollten diese automatisch auch für Altverträge gelten. Der Beitrag sollte sich nicht erhöhen. Es gibt aber Tarife, die eine Anhebung erlauben.

**(K) WIDERRUF DES VERTRAGS,** BLATT 1 VON 1

Anschrift der Versicherung

Name

Straße

PLZ, Ort

Telefon

Mobil

E-Mail

Ort, Datum

Versicherungsnummer: _____

## Widerruf des Vertrags

Sehr geehrte Damen und Herren,

mit diesem Schreiben widerrufe ich fristgerecht den oben genannten Versicherungsvertrag.

Bitte bestätigen Sie mir den Widerruf schriftlich.

☐ Ebenso widerrufe ich das bereits erteilte Sepa-Lastschriftmandat.

Ich bitte sehr darum, von der Übersendung weiterer Unterlagen abzusehen.

Mit freundlichen Grüßen

_____
Unterschrift

**(L1) KÜNDIGUNG DES VERTRAGS, BLATT 1 VON 1**

Anschrift der Versicherung

Name

Straße

PLZ, Ort

Telefon

Mobil

E-Mail

Ort, Datum

Versicherungsnummer: _____

## Kündigung des Vertrags

Sehr geehrte Damen und Herren,

mit diesem Schreiben kündige ich den oben genannten Vertrag fristgerecht zum _____.

Bitte senden Sie mir eine Schlussabrechnung. Mögliche Rückerstattungsansprüche überweisen Sie bitte bis

zum _____ auf das Konto mit folgenden Daten: _____

_____.

Bitte bestätigen Sie mir die Kündigung schriftlich. Mit Ende des Vertrags widerrufe ich auch das erteilte Sepa-Lastschriftmandat.

Mit freundlichen Grüßen


Unterschrift

**(L2) KÜNDIGUNG DES VERTRAGS,** BLATT 1 VON 1

Anschrift der Versicherung

Name

Straße

PLZ, Ort

Telefon

Mobil

E-Mail

Ort, Datum

Versicherungsnummer: _____

## Kündigung des Vertrags nach Schadensfall

Sehr geehrte Damen und Herren,

mit diesem Schreiben kündige ich den obigen Vertrag außerordentlich

☐ mit sofortiger Wirkung

☐ zum Ende des laufenden Versicherungsjahres, also zum _____.

Anlass ist der Schaden vom _____ mit der Schadensnummer _____.

Mögliche Rückerstattungsansprüche überweisen Sie bitte bis zum _____ auf das Konto

mit folgenden Daten: _____

_____

Bitte bestätigen Sie mir die Kündigung schriftlich. Mit Ende des Vertrags widerrufe ich auch das erteilte Sepa-Lastschriftmandat.

Mit freundlichen Grüßen

_____
Unterschrift

**(L3) KÜNDIGUNG DES VERTRAGS,** BLATT 1 VON 1

Anschrift der Versicherung

Name

Straße

PLZ, Ort

Telefon

Mobil

E-Mail

Ort, Datum

Versicherungsnummer: _____

## Kündigung des Vertrags wegen Beitragserhöhung

Sehr geehrte Damen und Herren,

mit diesem Schreiben kündige ich den obigen Vertrag außerordentlich und fristgerecht zum _____ .

Zu diesem Termin wird Ihre mit dem Schreiben vom _____ angekündigte Beitragserhöhung wirksam.

Mögliche Rückerstattungsansprüche überweisen Sie bitte bis zum _____ auf das Konto mit folgenden Daten: _____ .

_____ .

Bitte bestätigen Sie mir die Kündigung schriftlich. Mit Ende des Vertrags widerrufe ich auch das erteilte Sepa-Lastschriftmandat.

Mit freundlichen Grüßen

_____
Unterschrift